全家人的幸福理財

從買屋到存股、領終身月退俸的人生布局

莊雅珍——著

Content

追求長治久安

我曾經是一名單親媽媽，三十一歲離婚，帶著三歲和一歲的幼子，用一份記者的薪水養房子、養孩子，四十五歲我再婚，老公是公務員，我本來就沒打算退休後用他的年金過活，而且後來他年金被砍後，也不夠兩人生活。偏偏二〇二〇年瘟疫來襲，我在五十七歲被退休，瞬間成為無收入的中高齡失業者。年輕時賺的錢都拿去養孩子，年老孩子長大了，卻沒收入了！這恐怕是現代人普遍的悲哀，但我因為精密的理財布局，所以活出精采的下半生。

我在單親時期曾寫過一本書叫《一個人的幸福理財》，那時小孩年幼，只靠我一個人理財即可；但現在不同了，中年人會面臨父母長照和子女結婚等問題，這都是非常棘手且必須立即解決的問題，如果沒有連父母子女都動起來，進行「全家人幸福理財」就無法長治久安，所以本書就是從中年換屋、股票理財、子女規畫、父母奉養、創立品牌、永續經營，來分享五十歲以後的理財布局經驗，使我可以在退休後，享受豪宅、被動收入、四代同堂、事業巔峰、永不退休的尊嚴與自由。

現在人類平均壽命延長至百歲，沒有人應該在六十歲時被稱為「老廢仔」（台語），或因為有年金整天休閒玩樂，而使人生一半的歷史空白，因為我們有數十年的工作經驗、生活歷練和資金、人脈優勢，還是可以在人生的下半場，創造出精采第二春，不應該因為退休，而改住小房、減少消費或空虛等死。

當然人生下半場也不能窮得只剩下錢，所以本書還有分享我對父母奉養和子女規畫的心得，我深深了解父母、配偶、子女如果不好，我也不會好，那時賺再多的錢也沒有用，因此我也很精心的規畫我們三代的生活，使大家都長治久安，疫情宅居時，我的配偶、直系血親都在身旁，非常安全、滿足、幸福，人生所求，不過如此！

疫情自主封城期間，許多人都覺得生活很無聊，但我一點也不覺得受困，我每天清晨去空中花園運動，呼吸新鮮空氣、伸展筋骨，然後從廚師、作家、股友、女兒、妻子、媽媽、奶奶、企業主、影評人、部落客、退休族諸多身分中，挑一個角色扮演，每個角色都是很努力才得到的，要「做什麼像什麼」，不管疫情是否鎖住世界，我的舞台天天精采！你也可以把你擅長的角色填在上面，讓自己的舞台天天精采！

當然這一切的一切都是上帝所賜，雖然你兩手空空，這些布局看起來又很多很難，但其實上帝會一步步帶領，我的座右銘就是「把上帝交辦的事辦好！」你只要覺得手邊之事是上帝交辦之事，想辦法做好，就會慢慢成就屬於自己的人生版圖，願上帝祝福大家！

「各人要照所得的恩賜彼此服事，做神百般恩賜的好管家。」

（彼得前書4：10）

Chapter

01 看屋作功課

展開「看屋」的學習過程

會與起換屋念頭，最主要的原因是我有「團圓宅」的夢想，我的娘家在彰化有一個大別墅，家族團圓時的歡樂氣氛經常縈繞在我腦中，我想複製這個經歷。

特別是現在上帝給我一個大家庭，所以我更希望全家都能住在一起，即使無法住在一起，也要有個全家都坐得下的團圓餐廳。

因此，再婚之後，我就開始看房子，準備換屋。

人生如有百歲，五十歲是半百，也是上半生和下半生的分水嶺，上半生有許多人都在工作上獲得成就，下半生處於休息的退休狀態。我剛好相反，我的上半生婚姻受挫、工作抑鬱，還好上帝眷顧，五十歲時，我買了新式豪宅，自此改變了居住品質、開啟事業，也享受親情，所以我的人生上半生精采，下半生更精采，比起一般退休族而言，我是得了雙倍的人生。大家一定沒想到換屋會造成這麼大的影響，現在我就來分享一下自己的經驗。

我是三十一歲離婚，獨自帶兩個兒子長大，當了十四年單親媽媽，四十五歲再婚，老公是公務員，也是單親爸爸，也有兩個兒子，我們各自有一個房子，他是三十坪在信義區華廈，我是四十五坪在木柵區公寓。因為他的孩子都上大學了，我的小兒子剛上高中，所以老公來木柵跟我們住，他的兒子住在他的房子。

會興起換屋念頭，最主要的原因是我有「團圓宅」的夢想，我的娘家在彰化有一個大別墅，家族團圓時的歡樂氣氛經常縈繞在我腦中，我想複製這個經歷。特別是現在上帝給我一個大家庭，所以我更希望一家六口都能住在一起，即使無法住在一起，也要有個全家都坐得下的團圓餐廳。因此再婚之後，我就開始看房子，準備換屋。

剛開始，我不希望退休後負債，所以我想找約兩千多萬元的郊區別墅，不過這樣的物件通常都是地點很偏僻或很老舊，因此，看屋三年都沒找到滿意的房子。但，看屋三年是作功課，沒有經過這段時間的學習，我可能不知道自己真正需要什麼房子。這個學習跟學數學、英文一樣重要，需要時間。所以如果你心中有了「換屋」的念頭，一定要開始展開「看屋」的學習過程。

在這三年中，我發現以下幾個心得：

1. **別墅不適合養老：**通常別墅都在郊區，生活機能不佳，出入都要開車，而且大部分沒有無障礙空間，即使是電梯別墅，從室內要推輪椅到車上，還是需要一番周折。新式豪宅大樓有物業管理、完善無障礙空間，較適合養老。

2. **停車問題要想好：**我曾經看過一個別墅，停車場在戶外的另一區，當天剛好下雨，我們要上上下下走一段戶外階梯才到停車場，試想如果從大賣場買許多東西回家，要怎麼把東西搬回家？還有，停車位要買幾個才夠用？因為住在公寓房子二十五年，飽受沒停車位之苦，所以我覺得我們家至少要四個車位才夠用，因為即使未來兒子不跟我們住，他們也會回家看我們、跟我們吃飯，如果停車成為障礙，他們回家看我們的機會就會減少。這都是未來會面對的問題，既然要換屋了，就要一次徹底解決停車問題。

3. 兩戶打通是妙招：從小孩的觀點考慮，這一代的年輕人薪水低、房價高，如果不希望他們因此不敢結婚或租屋度日，最好還是幫他們打算一下買房的問題，否則他們可能終其一生，都會是無殼蝸牛。從我們的角度想，我們已到中年，很想住百坪大房子，這是我們打拚一輩子的成就，我們值得住在大房子享受養老，而不是反而退縮去住小房子。在看過幾次新式豪宅，我發現可以買坪數相同的房型，兩戶打通。兩戶各有獨立門牌、產權清楚，子女會很心甘情願幫忙繳房貸，因為他們知道這個房子未來是他們的，他們有「存屋的希望」。而我們也滿足了中老年住百坪大宅的夢想。

當時許多朋友提出所謂的實用建議，認為年老時應該要換小的房子，最好是捷運共構宅，把多出來的錢拿去幫孩子買房，也就是年輕時住三十坪，中年時住四十五坪，到老年時反而要住二十坪，終其一生，我們的奮鬥，難道就是為了房子越換越小嗎？而且六、七十歲正是退休社交頻繁的年齡，有個大房子可以招待親友、子女團圓，也算是一生的成就象徵，所以我覺得，要同時滿足幫小孩買房和自己住大房的夢想，兩戶打通絕對是妙招。

4. 奉養父母很重要：當你五十歲時，你的爸媽大概也都七、八十歲了，接著就要面對高齡的長照問題，如果不想有任何奉養上的遺憾，最好要安排孝親套房。讓他們跟你同住，可以省去許多照顧上的麻煩和擔心，父母在精心照顧下，也會比較長壽，你看郭台銘和張忠謀的母親都很長壽，跟同住精心照顧，絕對有關。我知道八十歲的人都還很健康，會拒絕跟子女同住，但等到九十歲動幾次大手術後，現實就讓你們不得不低頭，但房子的問題並不是那麼容易解決的，如果沒事先安排好居住空間，到時就會措手不及，而做了次等的安排。

5. 捷運和空間取捨：交通不僅會影響你的生活品質，而且會影響房屋價值，未來房子如果要出售，交通也是買家首要的考慮，交通便利的房子很快就可以脫手變現。當然，房子最好可以在捷運旁，但捷運旁的房價都很高，只能買到小坪數，是否有必要堅持住在捷運旁？自己要好好取捨，我經過看屋比較，捷運旁的房價約是沒捷運的二到三倍，也就是我想住一百二十坪的房子，在捷運旁只能買到五十坪的房子，扣掉公設三分之一，居住空間比公寓小，所以換屋以後也無法住大房子。經過取捨後，我覺得住百坪大宅，對我比較重要，所以我就找一個沒捷運，但有十二路公車，開車也很方便的新房子。我知道這個取捨很困難，但買房就要務實一點，想像自己上班的動線，如果不是太困難，就不必堅持要在捷運旁。

6. 生活機能不能少：我曾經去看過很陡的山上別墅，也曾經去看過封閉式的美式別墅，這些如夢如幻的社區，都有機能不便的問題，商店都不是走路可達。而且生活不只是採買而已，還有其他需求，判斷生活機能好壞，最好的方式就是診所、美容院步行可達，只要有這兩種，生活機能就不會太差。

7. 指標建築有保障：在看屋的三年中，我曾經去看過低於市價很多的新房子，去了才發現房子背後就是墓園。還有一些小建商，房子就緊鄰捷運軌道（不是捷運站），從三樓客廳就可能看到捷運轟隆隆的開過去。還有一些建案棟距太近，每棟樓都緊緊相連，會造成採光不足和壓迫感。還看過一個建案，浴室的門和馬桶剛好擦肩而過，所以上廁所都要先開門，人進去後，把門關起來，才能上廁所，這都是很沒經驗的設計師設計的，小建商為了省錢，比較可能用這類的小設計師。這種建案在預售時期可能看不出缺點，但建好之後，缺點畢露，房價就會下跌，後悔就來不及了。所以如果可以，盡量買大建商的指標建築，因為大建商的保固能力較強，找的設計師較有水準，所以比較不會出現過於離譜的問題，即使出了問題，他也較有能力補救。另外，指標建築有無形的價值，會吸引企業家或各行菁英進住，這些鄰居捨得花管理費，會抬升居住品質，房子管理好，價值就會增加，所以買指標建築較有保障。

8.

買新屋增值力強：我第一個公寓房子也是預售屋，當時六百萬元買進，住了二十五年之後，以一千八百萬元賣出，所以我歸納了「**買房三三三原則**」：

① **有房屋總價的三分之一自備款，就可以買房：**許多人買房遲遲不敢下手，希望存到足夠的錢才買，有這種想法的人經常會錯失房子或

買到比自己需求更小的房子，因為「存款」是過去的經濟力，「貸款」是未來經濟力，而你的經濟力是持續進行，所以應該要把未來經濟力也算進去，三分之一的槓桿風險不大，而且合理，所以銀行才會以房貸七成來做新屋的貸款成數。例如：你手上有一千萬元，你就該看三千萬元的房子，而不是去看一千八百萬元的房子，否則你會很快就覺得不夠用想換房。

②

房貸負擔是總收入的三分之一：這就是「未來經濟力」的評估，許多人會當房奴，可能就是把總收入的二分之一甚至更多，拿去繳房貸，所以覺得買房讓他們降低生活品質，為了買這個房子，使他們了無生趣。總收入的三分之一繳房貸，還可以有三分之二去生活，房貸是有點壓力，但也不是全然無法運作。我在「理財六分法」裡有說，把收入分成六等份，把食、衣、住、行、育、樂、投資、保險八大需求塞入這六大格中，買房之後，可以把「住＋投資」都拿去繳房貸，因為買房本身就是「使用理財」，你一邊使用，它一邊增值，而且增值幅度可能相當可觀，所以絕對是一個很好的投資。

我在這裡說的是「總收入」，也就是全家人的收入都算計進去，我是豪宅內少見的上班族，也就是我要使盡吃奶力，才能達到換屋的夢想。所以我不僅把老公的收入算進去，也把兩個兒子的未來收入算進去。因為「兩戶打通」就是買兒子未來的房子，所以他們有義務繳房貸。例如房貸十二萬元，一人應該負擔三萬元，子女剛出社會或許薪水不高，以三萬元為例，可以先讓他們負擔收入的三分之一也就是一萬元，父母經濟能力較佳，先墊付。未來子女的收入越來越高，父母的收入越來越少，就可以增加子女的房貸負擔，減輕父母的房貸負擔。這個政策要順利推行，必須每個人都從這個房子受惠，大家才能付得甘心樂意。每年兒子都給我二十六萬四千元的孝親費，大家聽了都很羨慕，但其實這只是兒子繳自己的房貸，所以「打算卡要緊，死做沒路用」，油管安排好了，錢就源源不絕。

③房屋漲三倍，就可以考慮換屋：我的公寓房子六百萬元買進，一千八百萬元賣出，我再去買四千七百萬元的房子，打算一億五千萬元時賣出，再換屋。許多人覺得我痴心妄想。但房地產就是這樣，你永遠不知道二十五年後會漲到什麼地步？但你希望它有較高的漲幅，最好要買新屋，因為房子也跟美女一樣，屋齡就是最殘酷的殺手，新房增值力較大，你住二十五年後，它屋齡只有二十五年，對需要交通好、大空間、錢不夠的人來說，是很好的物件，你要賣出

換屋困難度就不高。別忘了舊屋賣出的錢就是你買新屋的本錢，如果在賣屋上卡關，就會造成資金問題，倘若你一開始就買中古屋，等你住到要換屋時，屋齡可能四十年以上，除了有都市更新價值外，增值力就不大了！而且新屋可以讓你享受最新的科技、安全性較高，這些都值得你用三分之一坪數的公設去換。

以上就是我看屋三年所作的功課，雖然過程中充滿挫折、失望，家人潑冷水，數度想打消換屋的念頭。但這是影響你後半生的重要關鍵，所以無論如何都要堅持下去，以後家人就會感謝你！

TIPS

買房三三三原則：

①有房屋總價的三分之一自備款，就可以買房。

②房貸負擔是總收入的三分之一。

③房屋漲三倍，就可以考慮換屋。

Chapter

02 先買屋再賣

中年人都有換屋夢

買屋換屋如同一場戰爭，只要決策錯誤，可能就全盤皆輸，尤其要買到合適的房子非常困難，必須長時間作功課，才知道自己要什麼房子？

況且合適房子的出現也要看機緣，如果先把舊屋賣了，因為租屋居住有壓力，所以會因倉促而買到不合適的房子，到時後悔就來不及了！

中年人都有換屋夢，但遲遲不敢實現，主因就是資金問題。到底要先賣屋，手中有錢了，再買屋？還是先買屋，再賣屋？以我的經驗談，應該「先買屋再賣屋」。

換屋大計如同一場戰爭，只要決策錯誤，可能就全盤皆輸，我剛剛說過，買到合適的房子非常困難，要作三年的功課，才知道自己要什麼房子？況且合適房子的出現要看機緣，如果你先把舊屋賣了，因為租屋居住有壓力，所以會因倉促而買到不合適的房子，到時後悔就來不及了！

你可以把看新建案當成每週末的旅遊景點，舒舒服服的去喝咖啡、吃甜點，享受簡報影片和樣品屋的視覺享受，精挑細選合適的房子。我兩個房子都是買預售屋，到現在我還記得當時在建案裡的舒適感受。

當你精挑細選找到合適的房子，該怎麼在成交戰中獲勝呢？我有以下建議：

◎ **找房地產高手助陣：**房地產高手不是「紙上談兵」的名嘴或所謂的房地產專家，而是真的有許多買賣房地產實戰經驗的高手，例如：名下有十幾棟房子的包租婆或房地產交易數十年的土地代書，他們不會高談闊論，也不會上電視當名嘴，他們就是整天都在買房子賣房子，所以連呼吸都有房地產敏感度。這種高手知道何時可以繼續殺價，何時已到成交滿足點。在和建商的價格拉扯戰中，他們是最好的顧問。

◎ **算好自己的付款極限：**你的自備款多少？如果只有四千五百萬元的能耐，在建商開出五千萬元的房價總額時，就要老實告訴建商，你的付款能力只到四千五百萬元，建商知道你有誠意買屋，就會跟你在四千五百萬元至五千萬元中拉扯，最後可能就在四千七百萬元成交。所以自己幾兩重，要事先算清楚，包括：未來要付多少房貸？前期款要怎麼支應？都要算得清清楚楚，這樣才能打一場有規畫的仗！

◎**不要刁難代銷人員：**許多人認為要代銷人員一直打電話來拜託、表現出不是很喜歡的樣子，或要拖到最後一刻等出清戶，才能買到最便宜的房子。我個人是覺得每個建案的條件不一樣，戰術也不能一成不變。適合自己的房子不好找，一旦找到了！就應該很有誠意的跟代銷人員商討出雙方皆可接受的總價，不要想旁門左道的方法去殺價。找房子就像找姻緣，只要你心不誠，很可能就無法成交，你刁難代銷人員，對買屋大計並沒有什麼幫助。

◎**不要跟朋友綁在一起買屋：**有些貴婦團或姊妹團會一起去買房，希望殺到一個超優惠的房子，這種方式，我覺得不太好，因為每個人對房子的需求不同，硬要綁在一起談，會有許多意氣用事或思慮不周的情況發生。買房子不是買衣服，你應該要用「一不小心就粉身碎骨」的謹慎心態去買房，而不是用菜市場大拍賣的心態去買房。

◎**車位也是買房的重點：**車位寧可多不可少，車位易漲不易跌，買下來也是個資產。還有停車位樓層，最好不要貪便宜買較深的樓層，因為差不了幾十萬元，未來長長久久停B3的油錢花費就是要比B1多。車位宜大不宜小，因為建商可能會苛扣一些法令容許的誤差公分數，造成你永遠無法買大車。最後，車位到住家，是不是可以完全無障礙空間？這點非常重要，只要輪椅或推車無法平行移動的車位，都不要選。

接著就要安排資金調度，買預售屋雖然可以降低付款壓力，但仍要有資金規畫，基本上有以下幾種籌錢的方法：

◎**自己的存款：**存款不一定要現金，平常如果有存股票或基金的習慣，這些資產變現率都很快，應付簽約金可以刷卡，買豪宅簽約金要多一點，可能要多帶幾張信用卡去刷，刷卡之後一個月才繳帳單，所以回去再賣股票、贖回基金的時間是綽綽有餘。

◎**以舊屋去貸款：**如果手上沒有存款，可能就要拿舊屋去跟銀行貸款，當然會增加一筆房貸負擔，但房貸和租金比起來，支付房貸較輕鬆，因為搬家和安頓，也是需要一筆花費，所以如果先賣屋再買屋，租金和搬家費用應該會超過拿舊屋去貸款。

◎**向父母親借錢：**換屋本來就不是一件容易的事，所以周邊能用到的資源都要想辦法去使用，為了避免國稅局對「贈與稅」的疑慮，你可以拿和父母所立的「借貸契約」去法院公證，載明賣了舊屋之後就會還款，因為金流清楚，借款原因合理，公證處也就不會刁難。等到舊屋賣掉之後，再以電匯方式留存匯款記錄，證明確實還款，這樣就可以免去贈與稅的憂慮。

買預售屋可以使付款時間拉長，資金壓力較輕，但要注意以下重點：

◎**避免嫌惡設施：**我曾經看過一個建案是建在電塔旁，當時該建案打明星牌，說某某明星也買這裡，整個銷售案場都看不出跟電塔有關的資訊，只營造高級住宅感，但房子蓋好之後，大家發現是緊鄰電塔的嫌惡屋，房價就下跌了！所謂嫌惡屋就是房子附近三百公尺有嫌惡設施，包括：

1. 第一種「對生命安全造成威脅」如：

①飛機場 ②加油站 ③瓦斯槽 ④高壓電塔

2. 第二種「對居家品質產生干擾」如：

①宮廟神壇 ②焚化爐 ③殯儀館 ④墓地 ⑤停車塔 ⑥垃圾場 ⑦回收場 ⑧高架道路 ⑨軌道 ⑩特種行業

3. 第三種「對心理層面帶來負擔」如：

①凶宅 ②路沖

◎ **買大建設公司的產品：**預售屋有許多風險無法預期，交屋後發現漏水或其他瑕疵是很常見的，所以有人說，最好交屋後來幾場颱風，才能測試房子的品質。有規模的建設公司都有一定的保固期，而且因為他們有許多建案同時進行，也想永續經營，較愛惜聲譽，因此即使問題再困難，他們也會想辦法解法。

當預售屋在興建時，你就可以慢慢進行賣屋計畫，通常較大的建案興建時間較長，可能要三、四年，你如果不想搬家，也不必急著賣屋，等到新屋交屋後再賣也不遲，因為新屋交屋後，約有半年的裝潢期，這段期間去賣舊屋剛好，如果太快成交，就跟買主約定交屋時間，補貼租金，因為時間很短暫，這都是可以協商的。

賣舊屋有以下幾個絕竅：

◎**價格開得實在，不接受大殺價：**有些人喜歡把房價開得很高，因為擔心買主大殺價。但現代人買房都會上網輸入價格區間，如果一千八百萬元的物件，你開二千五百萬元，無形中就會減少許多潛在買家。不如開價二千萬元，堅守一千八百萬元價位，不接受更低的殺價。

◎**房子不必清空：**房子有人住就有光澤，即使裡面有很多物品，只要格局良好，房子實用，就會有人買，所以不必煩惱要清空的問題，你可以跟房仲約好時間，同時多組人來看屋，因為同時多組人看屋也會造成熱絡的氣氛，大家會覺得你的房子很搶手。而且你住在這個房子數十年了，你比房仲更清楚房子的優缺點，你就是最好的推銷員，所以當有人來看屋時，你可以自己帶看，告訴他們這個房子有很好的氣流、安靜、便利生活機能和沒有西曬等房仲較易忽略的優點，你就是最好的推銷員，所以我的房子一週就賣出。

◎**不接受小瑕疵的砍價**：現在的房仲都有氯離子檢測的保證，換言之，雙方都已完成買賣簽約，才開始進行檢測，萬一房子的氯離子含量過高，買方可以無條件解約。如果買方要求檢測，賣方也只能接受，檢測的方式就是請檢測公司在房子的樑柱鑽孔取樣，那些小孔在未來裝潢可以修補好，但如果沒裝潢就會留下孔洞，所以一定要簽好買賣契約才可進行，檢驗費用由買方支付。一個房子大概會鑽六、七個孔取樣，可能只有其中一個孔微量超標，這時如果買方因這個瑕疵砍價，你可以評估自己的屋況，如果對自己的房子有信心，可以不接受砍價，和買方解約。如果地點好、格局佳，好房子不怕沒人買，願意接受微小瑕疵的也大有人在，所以不要因此接受一、兩百萬元的砍價。

◎ **成交價見好就收：**買賣中古屋會被帶到房仲公司的交易總部，買方和賣方在不同的房間，在成交簽約前不會見面，雙方的價格磋商，都是由房仲來回穿梭回答。這個痛苦的交易可能會談到半夜，如果你真心要賣，在接近你心中的價格時，就可以準備成交了。整個房地產趨勢如果是往上走，你的價格可以硬一點；如果房地產趨勢往下走，你的價格就要軟一點。房地產交易藝術難就難在滿足點，我的忠告是，「不要太貪心，見好就收」！

TIPS

籌措購屋資金：

① **存款**：不一定要現金，股票或基金等資產變現率都很快。

② **若有舊屋可以用舊屋貸款**：增加一筆房貸負擔，但房貸和租金比起來，支付房貸較輕鬆。

③ **考慮向父母親借錢**：換屋本來就不是一件容易的事，所以周邊能用到的資源都要想辦法去使用。

TIPS

舊屋銷售訣竅

①價格開得實在，不接受大殺價。

②**房子不必清空**：只要格局良好，房子實用，就會有人買，可和房仲約好同時多組人來看屋，造成熱絡的氣氛。也可以自己帶看，你就是最好的推銷員。

③**不接受小瑕疵的砍價**：評估自己的屋況，如果對自己的房子有信心，可以不接受砍價。

④**成交價見好就收**：房地產交易藝術難就難在滿足點，我的忠告是，「不要太貪心，見好就收」！

Chapter

03 賣掉起家厝，勇敢買大宅

人生的取捨就是「利大於弊」即可

一個房子可以同時解決三代居住問題，效能就已經發揮到極致，既然是一個「利大於弊」的安排，就勇於改變吧！

「家」是由「家人」組成，家人走到哪兒，家就跟到哪兒，起家厝裡面如果沒住家人，就失去家的光澤，那就沒什麼好眷戀的！

我有許多同學都很努力，念很好的學校，有很好的工作，所以到了中年，身邊有個一、兩千萬元的積蓄，是很普遍的事。不過他們都有「資產只能買，不能賣」的迷思，特別是「起家厝」，充滿回憶，所以一定不能賣，結果就造成很難挽回的居住悲劇！

他們通常都住在二、三十年的老房子生兒育女，過了五十歲就很想住新式豪宅，不過手上只有一千多萬元的預算，所以他們只能去較遠的地區，例如：三峽、林口、淡水，他們覺得雖然無法供上班使用，至少可以度假用，這些新式住宅都有豐富的公設，健身房、交誼廳、兒童遊戲室、游泳池……，公設一應俱全，而且坪數如果四、五十坪左右，總價才一千多萬元，完全符合他們「資產只買不賣」的原則。所以就興沖沖買了！

其結果就是有以下悲劇：

◎**一家分成兩家住：**我有兩位朋友，因為身邊有閒錢，所以去郊區買了一千多萬元約四十坪的新房子，四十坪室內實坪約只有二十六坪，所以只有兩房。他們舊家如果三十坪可能還有三房，由於新家比舊家小，全家住不下，但又很想住新房子，享受豐富的公設，所以就商討，一家分成兩家住。這是非常不便的安排，媽媽和女兒去住新家，爸爸和兒子住在舊家，長期夫妻分開，也不是辦法。如果小孩去住新家，爸媽住舊家，又會擔心小孩不會照顧自己。如果小孩也要上班，就更麻煩，因為會有交通問題。

◎**孝親也成問題：**由於一家分成兩家住，不是辦法，這些朋友就決定請在中南部的父母親上來住新家。但新家離市區遠，也沒鄰居朋友，父母又不會開車，所以父母也不願意上來住。真的到了父母重病要住院開刀，這個在郊區的新家還是派不上用場，他們還是得全部擠在位於市區的舊家，睡沙發、打地舖、租房子，無論如何，還是得住在市區，才能就近照顧住院的至親。如果請外籍看護，是根本連一點空間都沒辦法擠出來！有些人考慮到台北沒地方可住，就讓父母在中南部老家附近住院開刀，然後自己每週往南部跑，疲於奔命。這都是居住問題造成的親情悲劇，但這種問題都是說來就來，如果事先沒有妥善安排，一定會措手不及！

◎**無奈當度假宅：**買新房子的時候，全家都很開心，從台北開一個多小時的車去享受一下，種植花草，換換時空，聽起來就很醒腦。但日子一久，新鮮感喪失，就不太想去了！但種的花草一週還是要去澆一次水，管理費每個月都要交，最糟糕的是有一次忘了關冷氣，冷氣就一直開到下週他們去才發現。每週去一次新家變成一種負擔。想叫小孩去住，實在離上班地點太遠，無法通勤。美其名是度假宅，其實是一個錯誤投資的慘痛負擔。

所以如果你想住新房子、想住大房子，就不要再有「起家厝」情結，只有賣掉它，你才有能力買百坪大宅，才能讓父母子女三代的居住問題同時獲得解決。

我曾經看過一個電視節目，裡面訪問母女三人，大女兒每月賺四萬元，要給台中的媽媽一萬元，自己台北租屋一萬元，生活二萬元，日子很不好過。小女兒每月賺八萬元，每月給媽媽三萬元，自己租屋二萬元，生活三萬元，日子也不好過。媽媽得到女兒的孝親費四萬元，要付三萬元的房貸，只有一萬元生活，日子更不好過。看完這母女仨的案例，我如同醫生看到病灶一樣，立刻發現「沒有整合居住問題」，是他們不好過的主要原因。

當然，每個人有自己的生活圈，住在一起可能會有磨擦，但比起絕望的天天日子不好過，真的可以考慮同住，三人合力買一個房子，三人合力繳貸款，媽媽沒有謀生能力，可以幫女兒煮飯，減輕伙食的負擔，實打實的享受「母慈子孝」生活。

人生的取捨就是「利大於弊」即可，我賣掉起家厝當天，在房仲總部放聲大哭，因為舊家在我的單親時期成為我們母子仨的避風港，現在又賣到好價錢成為我們買新家的主要資金，我很感謝這個「吉屋」，所以我對它有萬般不捨，但賣掉它才能無壓力的買兩戶打通的百坪大宅，這個百坪大宅對我後半生相當重要，裡面有四間套房加一間和室，我的小孩結婚後有地方住，也有隱私。我爸爸經過幾次住院開刀，都在我們精心照顧下康復，外籍看護也有和室可以居住。一個房子可以同時解決三代居住問題，效能就已經發揮到極致，既然是一個「利大於弊」的安排，就勇於改變吧！

而且當我們搬離舊家的隔天，我想到有一個媽媽送我的碗公忘了拿，想要回去拿，一進門發現，買主的工班已經進場且把我們的木作裝潢拆光光，完全看不出我們家的風貌，我終於體認到它即將成為新主人的吉屋，不再是我們家了！我們家已隨家人搬到百坪大宅，經過這次斷念，後來回去舊家樓下，我再也不難過了！「家」是由「家人」組成，家人走到哪兒，家就跟到哪兒，起家厝裡面如果沒住家人，就失去家的光澤，那就沒什麼好眷戀的！

TIPS

勇敢買大宅的好處

① 同時解決三代人的居住問題。

② 不要興起「度假屋」的念頭。

③ 解決目前居住問題較重要，不要有「起家厝」情結或「資產只買不賣」迷思。

Chapter

04 玩裝潢

裝潢費約占房屋總價的一至二成

「好的設計公司讓你上天堂，壞的設計公司讓你下地獄」，只有你最了解自己家的需求，所以你要把自己當主設計師，然後找一個可以完成配色、燈光、建材具體實現作品的設計師來幫你。

至於裝潢費約要占房屋總價的多少？要怎麼籌措裝潢費？怎麼進行裝潢大計？本文將有具體經驗可供分享。

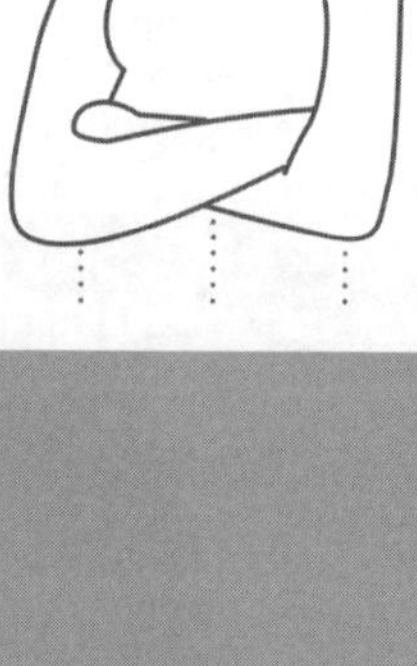

大家記得自己小時候的玩具嗎？除了洋娃娃服裝表演、廚房用具外，還有一種「夢想屋」，不管是紙片或實體，裡面都有很棒的客廳、餐廳、廚房、各種風格的房間和奢華的浴室。成人最棒的特權就是可以把這些玩具實體化。

小時候，我爸爸買過幾個房子，所以我們全家對裝潢都很熱衷，爸爸常會拿一張白紙，畫一個「夢想別墅」，上面還標明我們兄弟姊妹的房間。後來等我要訂婚時，爸爸才蓋好他的夢想別墅，動用了建築師、室內設計師和庭園設計師，是超乎我們原本想像的豪華，但我已經出嫁了！所有兄弟姊妹都在北部生活，只有爸媽和外傭住在夢想別墅，我們節慶時回去，這個團圓屋帶給我們家族許多歡樂時光，有一年過年弟媳娘家親戚來訪，這個別墅住了二十七人，媽媽餐餐準備筵席，極盡榮華，這些回憶深深烙印在我腦海中！

因為有這些裝潢經驗，所以爸爸說裝潢費約要占房屋總價的一至二成，裝潢才配得上房子，我完全贊同。例如：一個五千萬元的房子，要花五百萬至一千萬元的裝潢費。

要怎麼籌措裝潢費？怎麼進行裝潢大計？有以下經驗分享：

◎**房貸撥款：**一般新屋銀行可以貸款七五成，而預售屋建商所訂交屋前自備款約是四成，也就是交屋後，你只剩下六成的屋款未付，多出來的這一成五，就可以拿來裝潢、買雙B汽車或當股票資金。

不要擔心房貸太多而不敢借，其實房貸利率約只有二％以下，而股票殖利率五％以上的績優股很多，光光這個價差就值得你多貸。並不是每個人都有機會貸到這樣的超低利率，是要有房子當抵押才能有這麼低的利率，所以機會不多，要好好利用。

而且貸款七五成不是永遠都是七五成，如果你每月本利攤還，貸款金額就會逐年遞減。理財就是「擬定計畫，確實執行」，只要你依銀行的還款表本利攤還，貸款金額很會就會降為七成、六成、五成……，而你房子折舊的速度並不會像還款速度那麼快，所以如果真的急用錢，還是可以拿房子去增貸。房子就是你理財的ATM，有借有還，再借不難。

不要以為「裝潢」是可以省略的奢侈享受，食、衣、住、行、育、樂的費用中，我覺得「住」的花費邊際效用最高，你每天張開眼睛所見之處皆是賞心悅目，實用的收納，使你的心不煩躁，漂亮的裝潢，可以使你從清晨張開眼睛到晚間閉上眼睛，每時每刻都在享受中度日。特別是防疫期間，天天宅在家，這種花費，真是太值得了！

而且人住進房子，要再搬出來動工，非常麻煩，所以無論如何，在搬進去住之前，就要一步到位，用最好的建材、最好的設計，使往後的二、三十年都不必再為裝潢煩惱。大家都知道裝潢花錢如流水，但如果「裝潰預算提列出來，按計畫還款給銀行」，就是很好的理財方法，可以讓你花得開心、沒有罪惡感、不絕望。

◎**找到適合的設計公司**：「好的設計公司讓你上天堂，壞的設計公司讓你下地獄」，只有你最了解自己家的需求，所以你要把自己當主設計師，然後找一個可以完成配色、燈光、建材具體實現作品的設計師來幫你。現在網路上有許多設計網站，浸淫其中作功課是必要也是很棒的享受，每個人都有自己喜歡的風格，如果作功課的時間夠久，就可以找到其中最適合自己的設計公司。所謂「最適合」包括：作品、價位、設計公司運作制度，有些設計公司畫出來的平配圖就不實用、有些設計公司價位根本就超出你的預算、有些設計公司運作沒有制度和規模，設計師兼老闆一手包，施工進度和規畫不清不楚，這些都叫不適合。你可以經過多方比較，慢慢挑選一個最適合自己的設計公司，然後完全信任他。

◎**進行客變：**客變就是預售屋在興建之前，「依客戶需求所做的特別變動」，每個家庭因為人口數不同，都有不同的需求，如果可以掌握客變時間，提出客變需求，費用會比交屋後再打牆、拉管線節省很多。

建商規定可以申請客變的時間通常很短，可能只有一個月的時間，因為安排插頭、網路、水管都需要專業設計師，所以不要以為自己可以進行客變，因為只要網路插座弄錯或牆距差十公分，都會使你下地獄，所以在客變之前，你就要完全掌握設計主軸，而且要找好設計師，跟他充分溝通，才能讓設計師畫出客變圖，跟建商提出完善的客變需求。

特別是廚房的管線安排，如果你想要中島或半島有水槽，給水和排水都要客變時處理。電器櫃、洗碗機、烘碗機的擺放處也要想好，因為安培數如果沒計算好，電器櫃全部啟動，可能會跳電。目前洗碗機都是二二〇的電壓，如果沒事先安排好，也是會有問題。以使用動線而言，洗碗機和烘碗機應該設計在水槽的左右方，如果距離水槽太遠都會造成使用不便。

飲水系統的安排也很重要，櫥下型都只是過濾水；獨立的飲水機，冰水和溫水都是開水製成的，如果你希望都喝到開水，就要為飲水機留獨立的電源、給水、排水。

另外一個最容易被忽略的安排是製冰機的給水，如果你想用從冰箱門外就可嘩啦啦壓出冰塊的左右對開冰箱，就要安排水源，這種冰箱只要安排插頭和水源即可，不必安排排水。由於有自動製冰功能，所以冰箱本身有一支小濾心，不過因為是進口貨，也不太好買，所以你可以從主水槽下面的淨水器拉水源給冰箱，但要走地板，在還沒舖磁磚之前，就要埋一根硬水管在地下，舖上磁磚後，廚具和淨水器進場，廠商就可以把淨水器的軟水管透過地下的硬水管拉給冰箱使用，這樣只要你定期維護主水槽淨水器的濾心，就可以吃到乾淨的冰塊。

說這麼多，大家會不會覺得很費工？只要客變時想好，提出客變需求，建商就會免費幫你做到好，有時他們還會為了你特別的管線需求開會解決。是買新房最大的特權，千萬別讓權利睡著了！

◎

寫部落格爭取優惠：部落格是現代人的購物指南，無論買什麼東西，一定要上網看看部落客推薦，這些私人的推薦通常都比廠商的廣告還具廣告力，因為部落客會分享使用感受，也有開箱文，現代社會這麼繁忙，你不必跑很多家，只要上網就可以比較各家評價，非常有效率。

我並沒有寫業配文，因為業配文看起來就假假的，沒什麼說服力，我只是剛好要選購未來房屋要用的地板、廚具、沙發，所以自己去仔細比較、採訪，然後回家發心得文，如果你的部落格有影響力，廠商立刻會知道。倘若因此增加許多客戶，他也會不吝給你優惠折扣。

不要以為這些優惠很少，我的房子完成後，我精算了一下，包括裝潢、家具、寢具等軟件，原本應該一千二百萬元才能完成，但我用七百五十萬元就完成了。這是業配文無法拿到的稿費，所以不要小看。

◎**用部落格去監工：**買了新房之後，會非常興奮，早也想去看，晚也想去看。其實只是光禿禿的鋼筋水泥，但我也會寫得津津有味，因為想了解你心愛之物的DNA，所以就對所有建築工法和材料產生求知慾，不懂的事，google老師都會告訴你，即使再不清楚，也可以去採訪專業人士。

我用這種精神去寫部落格，間接就達到監工的效果，因為很多人會看，什麼是防火材？進品貨或國產貨有什麼差別？採用什麼品牌？有時你自己不知道，看到部落格的住戶會來告訴你，我們就可以一起要求建商或設計師。建商知道有部落格盯著，也就比較不會馬虎行事。

◎**廚具專業廠商**：許多設計公司會兼做廚具，但經過我三年的比較和構思，我覺得廚房還是給廚具專業廠商做較好。專業廚具品牌會有「廚房設計師」，他們對廚房的專業度絕對勝過一般室內設計師，注意的細節包括：流理台高度、電器櫃的搭配和使用高度、各種五金……，我的廚房要價約一百萬元，中等的廚具公司要五十萬元，ＤＩＹ公司根本找不到跟我同等級的門板，也不可能有這麼高價的產品。至於日本和德國品牌的廚具價格雖高，但因國情和烹調方式不同，有些設計對台灣人來說，並不實用。當時我雖還不是專業廚師，但對廚房設計已經很挑剔了，所以進口品牌很快就被我三振出局。

比較越多，廚具知識和質感體驗也更豐富，所以我就狠狠砸下近百萬元選用台灣品牌雅登廚具，這套廚具從安裝到現在從來沒出過任何問題，甚至我創業後，把這個家用廚房當營業用來操，它還是最忠實的工作夥伴，是幫我賺錢的好廚房，花百萬元，值了！

◎ **和設計師一起挑家具：**為了整體設計感，我建議家具要跟設計師一起挑選，不要自己亂買亂配。燈具、窗帘，甚至寢具，如果設計師能配，就讓他搭配，通常設計師會徵求業主意見，除非是實用或特殊偏好要積極與設計師溝通，否則最好聽設計師的話。

以我的例子而言，比較明顯的爭端就是，設計師很排斥吊扇，因為很俗氣的吊扇會把設計美感破壞殆盡。但從使用者角度而言，吊扇不占空間，春秋可以不開冷氣，就保持涼爽。夏天如果開冷氣加吊扇，更涼快！所以我堅持要吊扇，設計師堅持不要，後來我要求設計師在每個房間的天花板都配好吊扇的電線和較厚的角材，因為天花板必須載重二十五公斤才能應付各種吊扇。等裝潢完成，設計師拍完照，我就開始尋找美麗脫俗的吊扇，有一家「芬朵」就是吊扇界的精品，雖然價格很貴，但很值得！後來吊扇果然天天開，達到我預期的實用效果，且因事先已安排管線，所以在天花板也不會有醜醜的明線。

至於，名牌家具和訂製家具，用名牌包和仿冒包來形容，就很容易理解。如果你剛開始逛家具店，就是從名牌家具開始，那以後對一般家具店的接受度就不高，不過學習看看真正的好東西，對品味是一種提升，未來和設計師討論時，心裡才有譜。

我個人覺得，其他家具都可以省，但客廳最好用名牌家具，因為客廳是一個家的門面，用名牌沙發和茶几、燈飾，質感馬上就出來，大家就可以馬上判斷出這個房子的等級。如果無法用名牌家具，至少要用中等價位的品牌家具，因為訂製家具的質感很難控制，圖片是真品，所以看起來很漂亮，但做出來是仿品，就跟圖片差很多。

還有地磚、木地板，最好也是找網路推薦的知名品牌，然後由設計師決定花色。

電視牆的石材，可以跟設計師一起去挑，但最後決定權最好放在設計師手裡。

利用周年慶或母親節檔期買電器和寢具：電器的問題較小，不太需要跟設計師配合，事先量好冰箱的尺寸，跟廚房設計師溝通好，預留合適的空間。

空調是在木工之前，最早進場的，可以用設計師配合廠商，以免木工的維修孔和進場進度溝通不良。他們常配合的班底，彼此較有默契。如果是百坪大宅，最好在門口做一個空調「集控器」，可以清楚控制每間房間的冷氣使用狀況，誰的房間沒關冷氣、誰的房間誤按除濕，都一目了然。這樣就不會發生出去一週，才發現冷氣沒關的問題。空調廠商不錯的話，可以電視、冰箱、洗衣機等電器都跟他買，整體拿個好價錢。

至於洗碗機、席夢思床墊這類東西，可以趁百貨公司周年慶或母親節檔期購買，因為優惠很大，我記得買了全家四十萬元床墊後，用禮券去買洗碗機時，原價七萬多元的洗碗機只付了一萬多元，折扣很驚人吧？

「裝潢花錢如流水」，一定要有心理準備，子彈也要充足，所以我才說可以從房貸撥預算出來使用，以免東摳西省，壞了大事。

原則上，如果照我這樣進行裝潢，可以充分享受到「玩裝潢」的樂趣，每次和設計師開會就是你的玩樂時間，預售屋慢慢蓋，你就慢慢妝點自己的夢想之屋，等到交屋後，你和設計師也全部準備妥當了，拿到鑰匙隔日，就可讓工班進場，最快四個月就可以裝潢完成，美美的入住囉！

TIPS

怎麼籌措裝潢費？

①**房貸撥款**：不要擔心房貸太多而不敢借，其實房貸利率約只有二％以下，機會不多，要好好利用。

②找到適合的設計公司，只有你最了解自己家的需求，所以你要把自己當主設計師，然後找一個可以完成配色、燈光、建材具體實現作品的設計師來幫你。

③**進行客變**：預售屋在興建前，「依客戶需求所做的特別變動」，每個家庭因為人口數不同，都有不同的需求，如果可以掌握客變時間，提出客變需求，費用會比交屋後再打牆、拉管線節省很多。

④利用周年慶或母親節檔期買電器和寢具。

Chapter

05 培養被動收入

培養被動收入需要「時間」，越早開始越好

我因為退休後沒有月退俸，而且上班時期，公司易主，經過幾次裁員動盪，我大概在四十歲就積極布局被動收入。

何謂「被動收入」？就是你不必做任何事，收入就自動會進來。

培養被動收入需要「時間」，越早開始越好，把布局當成玩「大富翁」就不會覺得困難了，大家開始去玩實體的「大富翁」吧！

我曾經鼓勵一位台大女醫師，趁年輕收入豐厚，要培養被動收入，因為她絕對是菁英中的菁英，四十歲，有時開刀到半夜三點，早上六點還是可以到醫院開會上班，她和老公都是醫生，收入應該很豐厚，趁年輕培養被動收入，老來絕對可以財務自由。

沒想到她的反應令我相當訝異！她說：「沒有勞動而得到收入，這種不勞而獲是不道德的。」聽了這話，我才知道為什麼醫生的金融投資經常會失敗，原因有二：

1. 醫生的優越感，他們覺得自己比一般人聰明，所以不聽勸。

2. 醫生刻苦慣了，想法與資本家相差甚遠。我甚至覺得他們小時候可能都在念書，沒玩過「大富翁」，所以不知道被動收入的重要。

我剛好跟她相反，因為退休後沒有月退俸，而且上班時期，公司易主，經過幾次裁員動盪，我大概在四十歲就積極布局被動收入。何謂「被動收入」？就是你不必做任何事，收入就自動會進來。

在當記者時，我曾經去採訪過一位汽油商，我發現他最辛苦的時候是最初布點的時期，只要他布局完成，錢就會隨著油管自己進帳。所以他可以悠閒的在辦公室接受我的採訪，而不必站在加油站上加油。我們沒那麼大的資本，但要怎麼實現被動收入？

有些人覺得「收房租」是很好的被動收入，但有以下缺點：

◎ **租客不固定。**

◎ **房屋投資成本過高：**每月有高額管理費，租金投資報酬率比股利低。疫情期間房租或店租會受到嚴重影響。

因為管理出租事宜並不是太容易，試想一位九十歲的老人，要怎麼去管理出租事宜？

當然，會看到這些缺點是因為有前車之鑑，我爸爸當土地代書，年輕時他也買房出租，可是後來發現房子會折舊，且租客很難管理，不是不繳租，就是租期到了不搬出。遇到淹水、修繕又是很難處理。

所以他改買地皮，地皮不會折舊，投資報酬率雖然很大，但等待增值期無法生股利，所以我爸爸一度被地皮套牢二十年，這二十年剛好是他六十歲到八十歲的退休期，最需要現金，但他卻是擁有大批土地資產的窮人，還好那段時期，我媽媽有公務員月退俸，才能支付家用，但沒錢就沒尊嚴和自由，後來爸爸在八十二歲賣了土地，價值一億多元，漲了約五十倍，但媽媽也在同年去世，這些錢無法買逝去的青春，因為有這個前車之鑑，所以我個人覺得房子自住即可，不宜當被動收入投資。

我比較喜好的還是股票投資，優點如下：

◎ **變現率高：**股票有公開透明的市價，很容易賣出，賣股第三天就可以拿到現金。不像房地產，需要仲介來回奔波，價格也不公開透明，影響因素很複雜，所以變現率較低。

◎ **享受股利：**不管你是否被套牢，好公司都會配發股利，如果股票很多，一年有幾百萬元的股利收入，就不必太在乎股價漲跌和價差獲利。

◎ **投資門檻低：**股票不像不動產，交易金額極高，手續也很麻煩，只要每月存下來的小錢即可投資。像台積電這樣的績優股，你花六百元就可以買到一股，現在還有盤中零股交易，只要願意投資，交易非常方便，日子一久，即可積沙成塔。

◎**跟上產業脈動：**股市可以確實反應產業脈動，產業前景看好的公司，股價會一路長紅。反之，夕陽產業股價必定跌得很慘。股市是產業的流行舞台，從事股票投資會讓你的知識一直跟得上流行。

關於選股，我有四種方法可供參考：

◎**帳單選股法：**這是我從彼得林區的書上學來的，他從太太喜歡的絲襪和女兒喜歡的飲料找到好股票。我自己研究發現，如果每月付兩三千元帳單的公司，都是不錯的績優股，因為每個月我都花錢養這家公司，這家公司就會有穩定收入，既然你要成為他固定的客戶，那為什麼不也同時成為這家公司的股東，分享獲利？我因為這個選股法，掌握到幾檔好股票包括：中華電、和泰車、國泰金、卜蜂、台塑化、富邦媒……，我覺得這也是四種選股法中，最踏實的一種，超越技術分析和歷史線圖觀察。

從前我當記者，大家都以為我們有內線消息，但其實上市公司的財務部門絕對比記者更接近核心，總經理比財務更接近核心，董事長又比總經理更接近核心，最終是客戶比董事長更接近核心，因為東西賣得好不好，客戶最知道，所以帳單選股法是最適合散戶的選股方式。

◎ **外資選股法：**外資有專業團隊會去採訪、分析上市櫃公司，他們就像散戶的「望遠鏡」，可以看到消費者還沒看到的產業前景。上述說的「帳單選股法」，其實反應到末端了，許多產業在還沒接觸到末端消費者前就已經大漲了，因為比較有遠見的人會先去買這類股票。

我們可以從外資買賣超統計去觀察，什麼是走上坡的股票，什麼是走下坡的股票。三大法人中，外資的買賣超趨勢比較長，散戶比較容易跟隨，如果外資持續買超很多日，應該就是產業前景很好的公司；反之，賣超很多日，就可能是前景走下坡或有問題的公司。我從這個選股法掌握到：台積電、中租－KY等，這些是散戶無法從帳單選股法中篩選出來的，外資選股法可以補帳單選股法之不足。

◎**市值前十大：**台股市值前十大就是「大到不能倒」的公司，他們是台灣經濟命脈，監督他們的法律或政府機關較多，出問題的可能性較小，如果出問題，台灣社會就會失序，政府必定會出手相救。我在這個選股法掌握到：台積電、鴻海、台塑化、中華電、富邦金、國泰金等股票，基本上，已經與上述兩種選股法有些重疊，而且這些股票都有很穩定的配息政策，所以如果你是「定存族」，不如來存這些績優股，定存利息只有一％，這些股票殖利率約有五％，而且漲幅無限。所以我根本就完全捨棄定存的儲蓄方式，甚至我覺得拿一％多房貸的錢去生五％的股利，也還很划算。

有些人花三千萬元去買房子，每月收四萬元的租金，就沾沾自喜。我覺得這個投資報酬率根本遠低於股利，因為三千萬元如果拿去生五％的股利，一年是一百五十萬元，一個月是十二萬五千元，股利是租金的三倍有餘，而且不必去處理租客的麻煩事。房子會增值，股票也會增值，所以我才會覺得「房屋」以「自住」為主，「投資」則應以「股票」為主。

◎**企業主選股法：**企業主是一家公司的靈魂，好人就會經營好公司，前一陣子，我花三個月在上「廚師班」，每天早上八點上到下午五點，非常操，我根本沒時間看股票，所以我在上課之前，就從股市拿三個月家用七十五萬元出來，然後就不管它。結果上完三個月的廚師課，股票市值反而增加一百二十萬元，因為鴻海在這段期間漲了一倍。我根本不知道它為什麼漲？也完全沒做任何努力，它就幫我賺錢了！

這讓我深深體會到「女王賽馬理論」，眾所皆知，英國女王很愛馬，在「王冠」的影集中，她會遠渡重洋去請伯樂來照顧她的好馬，女王本身不會養馬，但她的好馬和伯樂會為她賺錢。我們每個人都可以當這樣的女王，好的企業主就是伯樂，只要選對企業主，企業主會精心照顧他的企業，這些人都比我們還懂企業，只要買他的股票，我們就可以像女王一樣坐享其成。

一般來說，散戶有這四種選股法，然後長期投資，就夠用了，你不可能賺進天下的錢，不懂的錢賺不到是正常的，最容易賠錢的投資人，通常就是聽什麼明牌買什麼，都是你不懂的公司或產業，即使你知道上車也不知下車。

但如果是長期持有好股票，只知道上車不知道下車也沒關係，要用錢才賣股票，達到完全的財務自由。

我們新家大多是企業老闆，少數幾位上班中，有一位台塑退休的王先生，他和太太都是上班族，年輕時有錢就買台積電，他們大約買了四十張台積電而已，但因為逐年配股就變成一百二十張台積電，因為理財得當，所以他們坐擁數棟豪宅，退休時勞保年金每月雖只有三萬四千元，但台積電價值約八千多萬元，且四季都配息，所以他們的被動收入很豐厚，完全達到財務自由的境界。

另外，還有一些被動收入是保險年金和基金投資，可以用股票投資帳戶上的零頭定期定額的去繳，長期下來，也會多一筆資產。反正被動收入就像「大富翁」，你有錢的時候買下，以後收益就會越來越多；反之，如果沒買資產，以後就會處處被剝削。

培養被動收入需要「時間」，越早開始越好，把布局當成玩「大富翁」就不會覺得困難了，大家開始去玩實體的「大富翁」吧！

TIPS

散戶選股的四種方法：

①帳單選股法：這是從彼得林區的書上學來的。如果每月付兩三千元帳單的公司，都是不錯的績優股，既然你要成為他固定的客戶，那為什麼不也同時成為這家公司的股東，分享獲利？

②外資選股法：外資有專業團隊會去採訪、分析上市櫃公司，他們就像散戶的「望遠鏡」，可以看到消費者還沒看到的產業前景。

③市值前十大：台股市值前十大就是「大到不能倒」的公司，他們是台灣經濟命脈，監督他們的法律或政府機關較多，出問題的可能性較小。

④企業主選股法：企業主是一家公司的靈魂，好人就會經營好公司！

Chapter

06 練好 股票基本功

長期培養兵家的心理素質，直到「勝率大於敗率」

股市投資不可能每場皆勝，只要勝率較高即可。一般人在A股票被套牢，就想在低點再買進A股票攤平成本，結果越攤越糟。其實A股票慘賠，不必指望從A股復仇，只要從B股票賺回來也是一樣的！

我們把股票基本功練好，從實戰中學習經驗和教訓，因為沒有獲利的「固定法則」，所以勢必要有風險觀念，融資券的風險如果發生，自己是否扛得住？扛不住就不要做。

長期培養兵家的心理素質，直到「勝率大於敗率」，你就可以站進「富人圈」了！

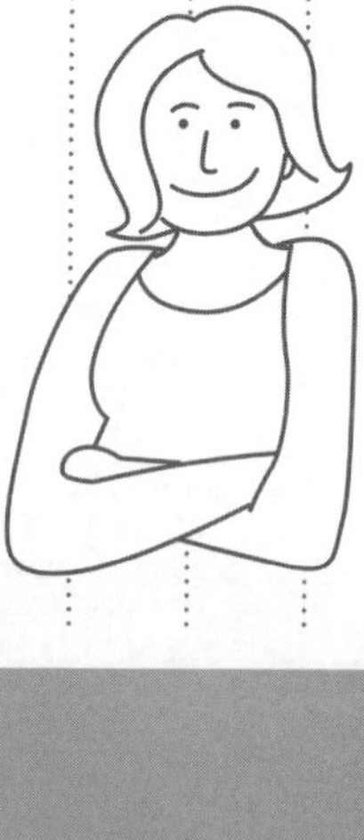

世人常說「十人作股票九個輸一」，我之所以能站在贏的那十%中，主因是我把股票投資當一門功課來學。我始終認為愛情和理財是比英文、數學還重要的學科，但學校沒教，我們只好自己學。如果要功夫底子紮實，就要像學英文一樣，從ABC開始。

股票的影響因素有二：技術面和基本面，所有的基本功都跟這兩個因素有關，現在就來教大家怎麼紮好馬步！

◎ **去考證券營業員證照：**我在報社處理股票即時新聞，因為怕自己外行，下了令讀者貽笑大方的標題，所以決定要去考證券營業員。這是一個不必外出上課又可以全面性紮好馬步的基本功，你只要去買考試用書，雖然厚厚一本，但裡面有基本的技術分析和各種專有名詞介紹，我就是從那裡知道怎麼計算 EPS、本益比、殖利率和看 RSI 得知股價進入超買區或超賣區，都是一生受用無窮的技能，入門最怕旁門左道，國家考試是練武的名門正派，可以幫助你一開始就建立正確的基本知識。

◎ **幫股票算命：**我考上證券營業員，並沒有換工作，仍繼續當記者，不過因為經過國考的歷練，我可以為每檔陌生股票算命，當你發現外資持續買超某檔陌生股票或有人報明牌時，你可以開始進行這檔股票的「身家調查」，以下四個工具是必備的：

1. 雅虎股市 https://tw.stock.yahoo.com/：這個網站可以查到股票的每季 EPS、每月營收和盈餘數字和年成長率、股利政策、除權息時間、新聞、外資買賣超……，內容包羅萬象，是投資人必備的工具。從雅虎股市就可以知道這檔股票的獲利狀況、成長性，當別人跟你報明牌時，才不會傻呼呼的貿然投資。

2. **群益金融網** https://www.capital.com.tw/：我習慣做熟悉的股票，所以我會用EXCEL做一個「愛股表」，長期統計愛股的外資買賣超、本益比、殖利率，群益金融網可以查到個股的三大法人買賣超數字，還有其他好用的資訊，內容很豐富，宜充分利用。

3. **證交所** https://www.twse.com.tw/zh/page/trading/exchange/BWIBBU_d.html：每日的本益比、殖利率和股價淨值比會更新，你不必每筆自己算，在考證券營業員時，書上說本益比十倍以下，表示股價合理，可以考慮買進；本益比二十倍以上，表示股價過高，可以考慮賣出。因為本益比＝股價／每股獲利（EPS），你知道原理，就可以知道股價貴賤，不隨著大盤或新聞起舞。

4. **元大點金靈**：這是元大證券開發的系統，只要是客戶就可以使用，我比較常用的是技術指標和K線圖，像台積電這樣的績優股如果RSI在十以下，通常是因為外資連續賣超或有利空消息，但在技術面上是很好的買點，因為點金靈也可以下單，在出手前檢驗一下技術指標，可以幫助你掌握技術面。

◎**短線進出不易賺大錢：**許多人喜歡「當沖」，覺得每天只要獲利五千元，一個月就可以有十二萬五千元進帳，比上班領薪水更好。我三十幾歲剛考上證券營業員時，也是這樣想，我靠著學到的技術分析技巧，短線進出，六日**RSI**在八十以上賣出、二十以下買進。後來我發現股市上漲時，我沖來沖去，可能可以賺一些小錢，但抵不過一次大跌時的慘賠。這時才體認到股票投資是「綜合藝術」，影響因素千變萬化，不能死守技術分析、外資買賣超等規則，基本功只能讓你心裡有底，漲跌的不確定因素仍高，一定要有風險意識。

經過幾次股災的教訓，我終於找到最適合自己的「價值投資法」，這是我從巴菲特那裡學來的，巴菲特喜歡長期投資，但投資之前他會仔細研究投資標的，不懂的東西他不碰，等他研究出好標的，就要等跳樓大拍賣的時機，股價被剷得很深時再出手買進，小漲時不賣、大漲時也不賣，直到公司產業轉壞或要用錢時才賣。

但這種投資法要「勇敢」，別人不敢買時，你敢買！以我個人的例子就是和泰車，當時因為北美洲傳出汽車暴衝事件，股價一路慘跌，跌到連 TIME 雜誌封面都是「TOYOTA 汽車鑰匙打結」的照片，我就在那時股價六十元時勇敢買進，因為我覺得我們全家四個人都開 TOYOTA，一條巷子十部車子有九部是 TOYOTA，市占率實在太高了，後來我在三百六十元賣出，獲利六倍，看起來獲利很豐厚，但其實我是定力不夠被洗掉，如果緊抱甚至可以賺十倍以上。

當和泰車從三百六十元漲到六百元時，我非常痛苦，被洗掉的痛苦遠大於獲利六倍的喜悅，那時我發現股市就如同海邊的潮水，潮來潮去、上沖下洗，能在海邊沙灘固定不動的才是大賺的寶石。經過這次戰役，我就不再當沖或設定獲利滿足點，只要產業不轉壞，我會長期持有，享受股利和超乎想像的漲幅。因此，後來我又迎來台積電、中租－KY、富邦媒和富邦金的數倍獲利。

◎**融資融券的風險：**「融＝借」，融資就是借錢買股票，以小小的資金買多張數的股票，舉例來說，本來十萬元只能買一張A股票，因為融資交易所以十萬元可以買A股票五張，股票漲一元，沒用融資只能賺一千元，有用融資可以賺五千元；但相對的，如果股票跌一元，沒用融資是賠一千元，有用融資是賠五千元。

融券交易就是借股票先賣出，以後再買股票回來平倉，這是「作空」的操作手法，例如你看空A股票，覺得它會從一百元往下跌，你就去融券賣出，等到股價跌到八十元時，你再買回股票，這樣你「先賣後買」回補股票就可以賺二十元。但如果你一百元融券賣出，但股票卻漲到一百二十元，股票最後回補日之前，你一定要買高價的股票來回補，這樣就等於要賠二十元。

融資券都有追繳保證金的問題，因為你是以小搏大，所以當股價逆勢時，就會有保證金追繳令發出，你沒錢補保證金就會被斷頭，一切歸於零。以宏達電為例，當股價在一千三百元時EPS和殖利率數字皆佳，有許多人融資買進，後來股價反轉下跌，從一千三百元到目前的三十五元，其間如果不認賠賣出，被追繳的保證金會越補越多，如果沒錢補保證金，就可能被斷頭，許多人因此資產歸零或負債。融資券都是為了追求高獲利，高獲利就有高風險，千萬要謹慎為之。

我在股海三十年，經歷過幾次股災和大漲，深知股市的「不確定性」，因為聰明和愚笨的人都在股市中，漲跌很難預料，加上天災人禍來攪局，連股神巴菲特都會出錯！二〇二〇年初，COVID-19使達美航空股價暴跌，因為股價被劇到極低，巴菲特出手買進，但後來疫情完全失控、全球大流行，航空業回升無望，巴菲特只好在低點認賠賣出，等他清倉後，航空股開始反彈。大家在譏笑巴菲特，巴菲特說：「不後悔！但未來不會投資航空股。」這就是真正的「兵家」，瘟疫一百多年才來一次，現在活著的人多半沒見過瘟疫的威力，巴菲特這次戰役敗了，也沒什麼可恥，他還是勝率比一般人高很多的股神。我看《三國》電視劇時，有一幕印象極深，立刻讓我想到股市，就是曹操在赤壁之戰慘敗時，安慰大哭的許褚說「勝敗乃兵家常事」。真的，股市如戰場，只要沒賠到家底兒都掉了，還是有翻身的機會，像曹操還是有半壁江山，他是「兵家」，我們如果一輩子都要泡在股市，最好也要有「勝敗乃兵家常事」的心理素質，換言之，受不了虧損的人並不適合作股票！

股市投資不可能每場皆勝，只要勝率較高即可。一般人在A股票被套牢，就想在低點再買進A股票攤平成本，結果越攤越糟。其實A股票慘賠，不必指望從A股復仇，只要從B股票賺回來也是一樣的！我們把股票基本功練好，從實戰中學習經驗和教訓，因為沒有獲利的「固定法則」，所以勢必要有風險觀念，融資券的風險如果發生，自己是否扛得住？扛不住就不要做。長期培養兵家的心理素質，直到「勝率大於敗率」，你就可以站進「富人圈」了！

TIPS

股票基本功

①一開始就建立正確的基本知識：知道怎麼計算 EPS、本益比、殖利率和看 RSI 得知股價進入超買區或超賣區，都是一生受用無窮的技能。

②進行股票的「身家調查」，幫股票算命：發現外資持續買超某檔陌生股票或有人報明牌時，可以開始了解這檔股票的……每季 EPS、每月營收和盈餘數字和年成長率、股利政策、除權息時間、新聞、外資買賣超……

③找到最適合自己的「價值投資法」。

Chapter

07 別讓子女跌入房東陷阱

房貸金額跟租金差不多，負擔不重

年輕時選擇租房這個較容易走的路，是先甘後苦，而且這條路就像捕蟲草一樣，掉進去就爬不出來了！

你這一代是無殼蝸牛，就不可能有錢資助下一代去買房，所以下一代又會再掉入房東陷阱，複製上一代的經驗，成為「貧二代」。

我的父親是土地代書，「有土斯有財」的觀念非常強烈，從小耳濡目染，所以我一生中只有大學畢業到結婚前短暫的一、兩年租屋，其餘歲月都是住在自己的房子。這是拜父母所賜，因為年輕時的我懵懵懂懂，完全看不出房東陷阱，現在想來有點後怕，所以我也決定複製這個成功經驗在我的小孩身上。

我們家是中產階級，有點資產但也沒很有錢，所以採用的理財模式就是父母出房屋的頭期款，子女付房貸。各自分擔責任，子女不會因為沒有第一桶金而遲遲無法買房，也不會因為沒有房貸壓力而成為草莓族。我結婚時，我爸爸給我二百萬元，我去買六百萬元的房子，這個房子漲到一千八百萬元時，我賣掉去買四千七百萬元的房子，後來房子一度漲至八千萬元，雖然我不賣，也還有房貸，但我已經有近億元的資產，這都是源自父母給的二百萬元嫁妝。

如果沒有這二百萬元，我一定是租屋族，中間還經歷單親時期，要儲蓄買房更為困難。等小孩長大成人，這幾十年來，所有工作賺的錢都付給房東了，接著又到退休無收入時期，恐怕連付房租都有困難，更遑論要買房。自己經濟困頓也就算了，連帶的小孩也會跟著成為「貧二代」，因為他們也會繼續掉入房東陷阱。

為什麼會以「房東陷阱」來形容租屋呢？因為租屋和買房相較，租屋簡單許多，所以像「陷阱」一樣充滿誘惑。一個同樣條件的房子，買房要擠出幾百萬元的自備款，房貸每月要繳三、四萬元；但租屋不必自備款，只要每月付租金二、三萬元，甚至一萬多元。從前還曾經有本暢銷書，鼓吹年輕人不應該被房貸綁住，而應該利用要買房的錢去賺更多錢。當時我就覺得這個觀念不對，多數人並不是那麼聰明，如果安安穩穩買房子，至少解決了居住的問題，未來也有可觀的資產。但認為自己很聰明，想去賺更多錢的人，萬一沒賺到，那可就連居住都成問題。所以我覺得那個標新立異但卻錯誤的觀念，恐怕會害很多人晚景淒涼！

所以會掉入房東陷阱的人，通常都是認為自己比較聰明且才華洋溢的，不過，年輕時選擇租房這個較容易走的路，是先甘後苦，而且這條路就像捕蟲草一樣，掉進去就爬不出來了！

因為三十幾歲正是養兒育女花錢的開始，如果沒買房子、沒撥出繳房貸的預算，很容易把錢拿去用在「住」以外的家用，都是正當合理開銷，沒有一點奢華，久而久之，就擔心買房會使生活品質降低，更不敢買房。這個時期會在你接送小孩上學、上安親班間，晃眼即過。

等五十歲，小孩即將要步入社會，終於可以不必負擔小孩的費用，周遭的同學朋友都有房子，所以你也想買房。但因為過去二十年，你把錢都繳給房東了，所以等到中老年，身邊並沒有大錢。而且無論你多麼有才華，也即將步入退休期，收入可能會越來越少，高齡也成為貸款的障礙，銀行不願意把錢貸給老年人，五十歲貸款三十年等於八十歲，六十歲貸款三十年等於九十歲，除非你有其他的資產或收入保障，否則，銀行不會貸款給你！

就這樣，你只好再租屋下去，期盼有繼承或其他生機，否則一生就將成為無殼蝸牛。你這一代是無殼蝸牛，就不可能有錢資助下一代去買房，所以下一代又會再掉入房東陷阱，複製上一代的經驗，成為「貧二代」。

但房東的人生則大不同，我有一位朋友，她沒什麼才華，年輕時在保險公司當祕書，領著小資女的薪水，四十歲時，她為了父母洗腎方便，所以在洗腎中心附近買了一個二手屋。因為省吃儉用，她很快又存到買第二間房的自備款，她覺得捷運站附近的房子很好出租，所以她去買了一個捷運站附近的二手屋，因為坪數也不大，所以付了一、兩百萬元自備款後，房貸就由房租去支付，也就是房客在幫她養房。幾次操作成功，她變成對房地產有極大的狂熱，她不會開車，有時在公車上看到賣房子的廣告，她就去買房，買房就像買衣服一樣，當然這時她已買新屋，而且在雙北市已滾出十幾間房，一個月的租金收入三、四十萬元，等到六十歲退休，她也沒怎麼在意退休金，因為包租婆帝國讓她財務完全自由，有閒暇，她還是很熱衷去管理租屋事務，她對租屋的各種細節都很清楚，對管理事務樂此不疲。而成就這個「包租婆帝國」的人，就是那許許多多的房客。

有沒有房子會影響到上下三代，如果沒有房子，要奉養父母，會面對實際上的困難。下一代也會延續下去，變成貧二代。不要認為小孩的人生應該自己要去打拚，我一生都很努力，但如果沒有爸爸給我的那二百萬元，我也會成為無殼蝸牛。所以關於買房，一定要全家「使盡吃奶力」、運用周邊所有資源，想方設法不要掉入房東陷阱。

年輕人對這個利害關係都懵懵懂懂，是我的父母親沒讓我掉入房東陷阱，等到我活到中年成熟了，才知道父母親幫了我多大的忙！所以現在我也要幫完全在狀況外的兒子脫離房東陷阱，我買了兩戶打通的房子，每戶五十六坪，門牌獨立、產權清楚，然後跟小孩說，以後你們一人分一戶，所以現在每月要幫忙繳房貸。

老公對這個作法，相當不以為然，他認為不應該告訴小孩要給他們房子，否則他們的人生就不會努力打拚了！其實恰恰相反，我和老公剛好各自有兩個兒子、各自有一個房子，我的是木柵四十五坪公寓價值一千八百萬元，他是信義區三十坪華廈價值二千一百萬元，原本我是想把這兩個麵糰揉成四個，用這兩個台北市的舊房子去買四個新北市的新房子，讓四個兒子未來都有房子，我還載他們到新屋的建地看看未來的環境，希望把新家一層四戶都買下來，未來老公要看兒子也較方便！可是老公的兒子不願意離開台北市那個交通方便又充滿回憶的家，老公也不願意勉強他們，換屋機會不待，他們和我兒子的居住環境就此分道揚鑣，他們因為沒有車位，所以都不能買車，而且每次來我們新家都有舊房子和新豪宅的差別感受。

我的兒子也沒聰明到哪裡去，我的大兒子因為我賣掉起家厝，他覺得我賣掉他的童年回憶，因此三個月不跟我說話，全面抵制新屋。但搬進新家後，最常呼朋引伴來家裡開趴的就是他，到交誼廳打桌遊、喝咖啡，到KTV室唱卡拉OK、到空中花園烤肉、到游泳池玩水槍大戰，因為年輕人最需要這樣的社交場所，女朋友也就這樣當女主人習慣了，所以要讓她選擇跟婆婆同住在豪宅或出去租公寓，很顯而易見的，她選擇前者。後來大兒子還進入管委會當監委，跟那些企業家鄰居稱兄道弟，是我們家中最enjoy住新屋的人。所以房屋大事真的不能讓年輕人決定，「後悔沒藥醫」，現在就來看看，我和老公的差別：

◎ **我的作法：**因為我兒子很清楚房子未來是他們的，所以他們很甘心樂意繳房貸，而且從出社會開始工作就繳，有時因為失業或經濟窘迫，他們還是會用失業救濟金繳房貸，媳婦對這筆開銷也絕對不會有怨言，因為他們知道在繳自己的房子。由於每月開銷吃緊，所以他們知道穩定工作和增加收入的重要性。換言之，他們對這個家是有責任感的。

◎**老公作法：**老公一直說他的房子就是他的，未來不一定會給他兒子，所以他的兩個兒子就覺得自己跟爸爸的資產沒有關係，他們不必付房租，也沒能力去買房子，更不會動這個房子的腦筋，想要去把房子小變大，或做什麼活化資產的動作。所以，即使老公的大兒子結婚了，兩個兒子和媳婦還是同住在三十坪的房子裡，我問小兒子以後如果住不下怎麼辦？他毫不思索的說：就租房子啊！他會永遠當租屋族，買房子的錢可以去做股票。因為這個政策，使他們完全放棄買房，也因為沒有繳房貸的壓力，老公的兒子出手都比較闊綽，他們常去吃我兒子不會去吃的餐廳，而我兒子為了省錢則都回家吃飯。其實這個困局還是有得救，未來要分家時，想留在家裡的兒子拿房子去貸款一半給要出去的兒子買房，這樣還是兩個兒子都有房子，只是這樣做，對習慣大手筆消費的兒子來說，房貸壓力較大，會降低生活品質，可能也完全不想採納這個建議，他們賺的錢也就這樣隨著時光流逝。

現在知道父母理財觀念不同，對子女影響有多大了吧？不過計畫歸計畫，要能確實執行才有效，所以關於房貸金額，我們每月房貸是十二萬元，原本應該是每人要負擔三萬元，但因為兒子是社會新鮮人，薪水不高，所以房貸先繳一萬元。此後我就像是房東太太一樣，每月跟他們收租，過程中有許多批評，包括：

1. 父母子女住在一起，小孩依賴性高，會永遠無法獨立。

2. 婆媳相處容易有磨擦。

3. 父母綁架了小孩的人生。

我也認同這些批評，但人生無法兩全齊美，「利大於弊」即可。為了不讓小孩掉入房東陷阱，我還是堅持執行這個政策，結果，現在兩個兒子都已各自繳了五十多萬元房貸了，年輕人要存錢是非常困難的，這筆錢沒這樣存，也是吃掉或花掉！剛開始他們會抗拒或抱怨，我告訴他們，不繳房租是會被房東掃地出門，不繳房貸未來我就會把兩個房子通通給有繳房貸的兒子。「親母子，明算帳」，而且房貸金額跟租金差不多，負擔不重。後來他們發現同儕都有很嚴重的居住問題和無殼蝸牛的絕望，他們就不再抗拒和抱怨了！所以我每年就收到他們二十幾萬元的房貸，對我而言，這是孝親費，也是他們不會成為無殼蝸牛的最大保障，雙贏！

TIPS

避免掉入房東陷阱，給年輕人的良心建議：

①如果沒買房子、沒撥出繳房貸的預算，很容易把錢拿去用在「住」以外的家用……

②這一代是無殼蝸牛，就不可能有錢資助下一代去買房，所以下一代又會再掉入房東陷阱，複製上一代的經驗，成為「貧二代」。

③年輕時選擇租房這個較容易走的路，是先甘後苦，而且這條路就像捕蟲草一樣，掉進去就爬不出來了！

④包租婆帝國都是「房客」幫她成就的。

Chapter

08 子女的遊輪式理財法

讓他們養成「大錢也要自己負責」的習慣

這個世代，多數大學畢業生很難達到「五子登科」的目標，有些人甚至可能犧牲健康，或永遠無法達到，孤老一生，如果這時父母給予「遊輪式理財法」的協助，人生就可以像我們那個世代一樣按部就班的實踐……

經濟安排好，結婚生子這些人生大事，就不會受到貧窮的耽誤，子女的人生Keep going，做父母的才不會憂慮，這就是我說的「子女好，父母才會好」。

我的孫女出生後，我幫媳婦支付月子中心的費用、幫孫女買汽車座椅、推車、澡盆、嬰兒床和衣服，許多朋友認為我這樣無條件支付所有費用，這樣兒子以後就不會努力了！

關於這個問題，我有不同看法，在我們那個年代，兩夫妻的收入約十萬元，三房兩廳的房子只要六百萬元。現在兩夫妻收入約七萬元，三房兩廳的房子至少要一千五百萬元。也就是薪水減少、房價大增，為了迎戰這個問題，我為子女想出了「遊輪式理財法」。

我的兒子們從開始上班起，每個月就給我一萬多元的孝親費，在兒子的心中這是房貸，對我而言，其實是孝親費。我就在他們從學生變成上班族後慢慢加重他們的負擔，剛開始只要繳房貸，接著要分擔水電瓦斯費、網路費、汽車牌照稅、燃料稅、保險費、保養費、物業管理費……，逐步加重他們的負擔，就這樣，等到他們三十歲時，每月約要繳兩萬五千元，我有兩個兒子，所以每個月我可以收到五萬元的孝親費，這是許多親朋好友無法做到的。所以說，「兒子不會努力」的想法恰恰相反，因為我兒子會為了要付這筆錢，而變得相當努力。

但要讓兒子心甘情願付出這筆錢，一定要有相當大的誘因，就像我們為什麼願意繳一筆錢去搭遊輪？因為我們知道，只要繳這筆船票價錢，就有All in one的豪華享受，這就是我說的「遊輪式理財法」。

這個世代，多數大學畢業生很難達到「五子登科」的目標，有些人甚至可能犧牲健康，或永遠無法達到，孤老一生，如果這時父母給予「遊輪式理財法」的協助，人生就可以像我們那個世代一樣按部就班的發生：

1. **銀子：**既然處於低薪世代，自己就要想辦法增加收入，副業、創業都是激發潛能的方法。
2. **房子：**在台北買房難如登天，父母可以幫你，你只要繳一般套房租金的錢，我就可以給你住豪宅，附贈一個車位。房貸繳完，房子就是你的。

3. 車子：我給你一部車，剛開始我幫你養車，但隨著收入增加，你要自己養車、自己換車。

4. 妻子：沒有結婚基金沒關係，父母幫你出結婚基金，讓你在「該結婚的時候結婚」，要找到合適的伴侶已經很難了，千萬不要因為沒有結婚基金而不敢結婚，「成家立業」先成家再立業，不要覺得沒成就之前不能考慮結婚大事，因為等你有成就時，你已經老到不適合結婚了！結婚基金不必多，小錢也有小錢的辦法，麻雀雖小五臟俱全即可。

5. 孩子：不要擔心養不起孩子而不敢生孩子，台灣生育率全球最低，主因是低薪、房價高、托育困難，加上環境賀爾蒙影響，不孕症問題越來越嚴重，父母此時如果不伸出援手，子女根本不敢生小孩，父母也就無法享受含飴弄孫之樂。

我之所以在五十八歲就能順利當奶奶，就是因為採取這種「遊輪式理財法」，兒子只要每月交出月費，我就給他們食、衣、住、行、育樂、投資、保險全包式的享受，年輕人覺得CP值很高，就甘心付錢，連媳婦也不會有意見，提供給這個世代的父母親參考。

擔心小孩不努力，當然也是情有可原，許多人年輕時精采風光，但因為子女敗家，使所有積蓄歸零，老年無法享受年輕打拚的成果。所以子女的教育和理財，必須要好好注意，特別是理財，因為學校不會教理財，孩子整個學校教育都沒人教理財，或許唸財務金融會教到投資，但理財等於「管理財務」，不只有「投資」一項。

我的理財概念是從父母親身上耳濡目染、十四年單親生存所迫、三十三年財經記者工作慢慢學習而來的，以下簡述：

1. 父母理財身教：我的母親是一位國小老師，薪水固定，所以她喜歡以小錢存大錢，積沙成塔，無論是保險、股票、買房，她都以這種方式進行，每月定期定額，持續不間斷，以時間累積財富。因為布局多種管道，所以我媽媽身上隨時有錢，財務相當自由。退休後，她有公務員年金，甚至爸爸退休後的二十年間，媽媽都是家中的經濟支柱。所以，我也習慣以定期定額買保險和基金，我兒子的結婚基金就是這樣不知不覺中從投資型保單存下來的，我不懂的中小型股票也是因為定期定額投資基金，而分享產業利潤。

我父親是土地代書，他年輕時事務所業務很好，民國五十年代，他月收入就達三十萬元，有一次他搭火車遇到一位董事長，他很志得意滿的告訴董事長自己的收入，董事長說：「這樣只可以糊口。」讓爸爸深深體會到「不投資不富」的道理，「勞務所得」只能供日用開銷。所以後來他去投資地皮，得到數十倍甚至上百倍的投資報酬。雖然獲利豐厚，但也讓我看到他六十歲到八十歲被土地套牢的窘況，所以我的投資捨「不動產」取「股票」。由此可見，不管父母的理財是正確或錯誤，都會成為子女理財教育的學習或警惕對象。

2. 單親的生存歷練：「缺乏」永遠是最好的老師，當時我這個單親媽媽要以三萬六千元月薪養房子和孩子，「缺乏」激發出我的許多理財靈感和潛能，我記得當時幾個重要原則：

①**無法開源時，要先節流：**所以我開始省錢大作戰，以「理財六分法」節流，將薪水分六等份，將食、衣、住、行、育、樂、投資、保險

八大需求塞入這六格，因為沒錢外食，我只能每週拿一千元去買菜自己烹煮，使我練就三十幾年的烹飪技術，成為我創業的堅石。另外，持續定期定額的「投資」和「保險」，也使我後來銀彈源源不絕。

②**保住房子：**如果當時沒保住公寓房子，我就沒辦法換豪宅，雖然原本二萬八千元房貸繳不起，但我去跟銀行協商，將原本十年的房貸拉長為二十年，將房貸從二萬八千元降至一萬四千元，讓我學會「本利攤還，才有再貸空間」、「需要資金要找銀行，不能找私人」、「房屋是資金的ＡＴＭ」。

單親媽媽要逆轉勝非常困難，有一位單親媽媽，她每月薪水五萬元，工作穩定，但她完全不懂股票，又想致富爭一口氣，她玩融資去投資股票失利，賠了很多錢，所以她就去跟A親友借錢，A親友在討債時，她就去跟B親友借錢還A親友，等B親友討債時，再找C親友借錢……，就這樣，到最後所有親友都不敢再接到她的電話，因為知道她開口就是要來借錢的。所以單親媽媽理財要非常謹慎，如果真的有資金需求，一定要跟銀行借，而不是跟私人借。有房才能跟銀行低利貸款，如果是信用貸款，利息也是很高，這都是保有房子的好處。

③ **多數問題都能透過精心規畫而獲得解決：**我剛成為單親媽媽時，錢不夠用，我拿出一張白紙，像外科醫生手術一樣，把我的問題寫出來，再像拿手術刀一樣，精細破解問題。因此，我想到拉長房貸年限降低房貸、殺肥養瘦維持八張股票等理財方法，後來這就成為我解決問題的習慣，成為創業時期很大的助力，我「不輕易向問題低

頭，只想辦法解決問題」。

④ **股票是提領不盡的聚寶盆：**我在離婚不久被公司資遣，拿了三十六萬元的資遣費，我買了八張股票，因為怕沒股票就沒錢花了，所以我一直維持八張股票，要用錢時「殺肥養瘦」，賣掉漲多的股票買跌深的股票，用價差去做家用開銷，我因為這樣的操作幾乎提領了兩、三百萬元來家用，讓我深深覺得這是上帝給我們的聚寶盆，像聖經所言「窮寡婦有用不盡的油」。

因為有這樣的經歷，所以我在奉養父母和自己的養老金投資安排，也是透過股票，現在才理解，買到績優股就是有一群聰明能幹的人不眠不休在為公司獲利賣命，所以你就會有提領不盡的聚寶盆。

⑤ **以分期付款，避免消耗大筆資金：**因為受母親影響，我很習慣「用小錢解決大問題」，有時需要購買較大金額的物品，我也不喜歡賣股票來支應，如果有零利率分期付款，我就讓分期付款來破解資金需求。像我三年換一次新車，也很少用到股票或儲蓄資金，我買主流車、主流色，在中古車價最好的第三年賣出，每月再繳些車貸，就可以一直把車子當使用理財工具。

⑥ **永遠保持獨立，別想倚靠別人：**因為被前夫背叛過，所以在單親時期我學會獨立，並一直保持獨立的習慣，我從來沒打算靠老公的年金過活，很早就在為我自己的養老金布局，原本我是打算六十五歲退休，用勞保年金和股利過活，但因為提早在五十七歲退休，我覺得少了八年勞保年資，勞保年金太少，所以才創業想繼續累積勞保年資。

許多人笑我五十七歲才創業，如果創業成功，小孩又不接班，那怎麼辦？我說，我也不會求小孩，那就工作到六十五歲，然後把公司關掉或賣掉，反正我的初衷只是想累積勞保年資而已。

當然以我的個性，我會工作到很老，因為曾經在職場上擔心「被退休」多年，我非常珍惜這個沒有任何人可以迫我退休的工作，只是我也不會倚靠小孩。聖經詩篇20：7說：「有人靠車，有人靠馬，但我們要提到耶和華我們神的名。」我不靠人，我只靠上帝，這也是我凡事不絕望的原因。

單親歲月的磨練，絕對是我成功的關鍵，從前報社曾有中級主管罵我：「你是什麼東西？」即使你再謙卑、再努力，仍要面對這些殘酷的踐踏，但我還是要忍耐下來，因為家裡有兩個稚子要養，我不能一個月沒有收入。我就是在這種絕處逢生中過關斬將走過來的，所以現在看到劉邦打天下的奮鬥史，我很有感，他每一條路都是從「走投無路」走出來的，我們要為「走投無路」大歡喜，因為「上帝關掉所有門，你只能努力往命定的那條路尋求突破」，應該比「有太多選擇，站在原地踏步」容易許多。

3. 財經記者的工作經驗：我爸爸一直很希望我當法官，我們台大法律系的同學有九五％都是法官或律師，所以關於記者這個工作，長期都是爸爸和我自己看不起的行業。不過現在回想起來，如果沒有這個工作，我可能不會理財，也無法創業，以下就是我覺得非常受用的工作所學：

①**股票投資：**為什麼我和前面所說股票投資失利的單親媽媽有所不同？因為我的工作就是在做股票即時新聞，剛開始是為了怕下錯標題，讓讀者笑我們外行，所以我去考證券營業員、進場投資。專業

知識和實戰經驗就在因工作需要而日夜累積，別人是花了四年念大學，我是花三十三年學習財經知識，大家看「功夫熊貓」的阿波怎麼變成神龍大俠的嗎？我就是經過這無數的修理和調教，每次想修正錯誤，就會找到新的解決方法，像觀察「外資買賣超」就是在這種狀況下找出來的解決方法，後來就一生受用。

②

電腦知識：我念書的時候沒有電腦，甚至上班前十年都用稿紙寫新聞，直到有一天報社強迫每個人要學倉頡輸入法，還要考試，大家叫苦連天！總編輯說：「以後每個人桌上都會有一部電腦。」我們覺得根本是天方夜譚，因為當時整個企業可能只有一部電腦，而且還是無法上網的。但隔不了幾年，桌上沒電腦的公司才是天方夜譚。所以與時俱進非常重要，工作不管薪水多寡都會使你保持在這條進步的軌道。更遑論我工作這三十三年，股市產業興衰變遷，只要你在工作線上，這些知識就會跟著你每天開機更新。

③ **媒體行銷能力：**這個能力是我本來沒想到的，因為我ＥＱ不好，沒什麼人脈，也沒什麼行銷經驗。但創業後，我發現我很適合網路行銷，因為我有「分享狂」，會把產品分享做得很自然、很打動人心。在媒體上班三十三年，讓我很清楚「媒體要曝光的重點」，加上練歷多年的文筆幫我妙筆生花，所以朋友會看到分享文而浮出枱面成為我的客戶，我才知道五十七歲的人脈跟二十三歲是不同的，這絕對是中年創業的優勢，要好好利用。

④ **吃苦當成吃補：**上班三十三年，為五斗米折腰，許多挫折羞辱都像糞便一樣，成為我成長的肥料。因為過去太苦，許多淚水和血吞，所以創業之後，每每遇到困難，再苦也苦不過從前，就勇往直前。「天將降大任於是人也，必先苦其心志，勞其筋骨，餓其體膚，空

乏其身，行拂亂其所為，所以動心忍性，曾益其所不能」，孟子所言無誤。我在當上班族的時候，沒什麼成就，但現在才知道那是不可省略的預備動作，「人生沒有用不到的經歷」，每個時期都要盡心盡力，才能儲備能量，在往後需要的時候運用出來！

所以兒子到底要怎麼教呢？很明顯的，我不能替他過人生，我的經歷也無法成為他的經歷，我只能複製上述三大原則，因此我鼓勵他依自己的志向才能去上班，錢多錢少不重要，重要的是會學習到許多工作歷練。大兒子是北藝大新媒體系畢業的，他在一家中型公司負責媒體行銷，從官網設計、電視購物到直播，他都要會，他這個歷練對我創業幫助很大，後來他幫我們公司設計商標、保冷袋、架設官網、網路行銷……。小兒子是文化法律系畢業的，在國泰金控產險部工作，因此他為人處事姿態都很軟、很殷勤，只要有錢賺，他都全力以赴。

另外，因為「繳房貸」造成他們的「缺乏」，所以他們也學會在缺乏中求生存，跟我一樣，由缺乏激發出賺錢潛能。

理財的冤枉路，我也無法替他省略，只有繳「投資失敗」的學費，才學會警惕。我只能複製我的成長經驗，讓他們從我身上學到身教，就如同我從父母親上學到的一樣。

年輕人最容易遇到的問題，就是沒能力買房、月光族，我就針對這兩件大事著手協助：

不要掉入房東的陷阱：上一章我已講得很清楚，因為買房實在太困難了，如果父母不伸出援手，子女可能一輩子都買不了房，由於沒房貸壓力，他們會把錢寬鬆的消費掉，並一輩子繳房租。

①如果父母像我爸媽一樣，經濟能力較佳，能幫他們出自備款，房貸由子女繳，讓他們從一出社會就分擔經濟壓力，把錢繳到自己的房子，這樣錢就不會浪費掉。這是進可攻退可守的棋，如果他們未來有能力，想買更大的房子，才有資產。就如同我有公寓房子當換屋的自備款一樣。

②如果父母像我們一樣，沒有能力額外拿出自備款來幫他們，就可以跟我們一樣，拿起家厝當自備款，換大房子，實施「兩戶打通，三代同堂」政策，沒錢就是得同住，沒什麼好抱怨的，同住後盡量往好處發展，不要盡想壞處，理財策略「利大於弊」即可。

反正，我們親子的理財原則就是「父母協助買房，子女分擔房貸」，這樣才不會掉入房東陷阱，一輩子翻不了身。

2. 定期定額存股：這是解決月光族最好的方法，每次發薪日，就先扣五千元或一萬元去買績優股的零股，有規律持續投資，這樣他們就不會成為月光族，子女無論結婚、生子、買車、買房，都會用到大錢，如果他沒大錢，難道就不結婚、不生子、不買車、不買房？父母總是會不忍，有能力的父母就會幫他們出，久而久之，子女就會成為啃老族，因此要讓他們養成「大錢也要自己負責」的習慣，這也是促使他們獨立的方法之一。

經濟安排好，結婚生子這些人生大事，就不會受到貧窮的耽誤，子女的人生 Keep going，做父母的才不會憂慮，這就是我說的「子女好，父母才會好」。

TIPS

子女理財規畫：

①父母的身教和言教很重要。

②子女一出社會，就儘快幫他們把賺的錢引導到「存屋」，以免浪費錢去繳房租。

③每月發薪日都強制他們「定期定額存股」，以免未來沒有「大錢」可用，沒大錢就沒自信，容易成為啃老族。

Chapter

09 父母也要月退俸

成為父母晚年的理財顧問

發月退俸還有一個好處，就是我可以用每月股票交易的帳戶零頭去支付，而不必每年賣一筆大錢的股票去支付。

這是「小錢立大功」的原理，賣股票通常是因為漲高了、買股票通常是因為跌深了，買賣都有不同的原因和時間點，所以買賣之間一定會有帳戶餘額，我就用這個餘額去支付爸爸的月退俸並養定期定額基金。

我的父親在年老時，交一筆錢給我，叫我幫他投資股票。因為他知道「通貨膨脹」的可怕，如果他的養老金放在定存，可能很快就會領完。他們這一代除了公務員外，並沒有勞保年金，所以許多人的晚年其實是相當可憐的，沒有錢生活就沒有尊嚴和自由。

知道這是爸爸的養老金，所以我採用「綠巨人選股法」，綠巨人就是郵匯儲金，他們的資金龐大、但求安穩，所以比較不會跑短線，而是長期投資績優股，用股利來支付郵儲利息。當時，我就是用這種思維去買中華電信等大型績優股，後來發現其實這種股票，不僅股利不錯，也很會漲，股災又不太跌，變現率跟台支一樣快，是很適合當養老金的持股。

但利潤要怎麼分給爸爸呢？本來是想在每年分股利的時候匯給他，可是後來想想，每種股票配息的時間點不同，殖利率每年不同，像台積電又是每季配息。這樣會造成爸爸的金流不穩定，所以我決定以「月退俸」的方式，每月定期給他固定的錢。我把每年股利除以十二，再加上價差可能的獲利，湊成十萬元月退俸。這筆月退俸可以讓他支應外傭、上館子、醫療費用和日用開銷，都非常足夠。

大家一定會說，股票又不是天天漲，發超出股利的錢，可能會坐吃山空。但前面我已經說過了，股票市場就像一個聚寶盆，每檔績優股都是由一群聰明能幹的人絞盡腦汁每天為公司獲利拚命，所以我們這樣操作十幾年下來，發現即使股市不好時，吃到本金，但因為是生活必要開銷，你放在定存也一定會拿出來用。但股市好的時候，股價漲幅很可觀，所以股票資產溶化的速度很緩慢，要坐吃山空可能要很久很久的時間。

發月退俸還有一個好處，就是我可以用每月股票交易的帳戶零頭去支付，而不必每年賣一筆大錢的股票去支付。這是「小錢立大功」的原理，賣股票通常是因為漲高了、買股票通常是因為跌深了，買賣都有不同的原因和時間點，所以買賣之間一定會有帳戶餘額，我就用這個餘額去支付爸爸的月退俸並養定期定額基金。這樣「即使有砍咖啡樹，同時也在種咖啡樹」，股票資產就更不容易溶化。

老公覺得這個方法不錯，也加入投資，我按出資比例，計算三方持股的投資比例，每月按比例分錢。後來老公的公務員年金被砍，這筆股票投資收益加上年輕時繳的保險年金、他在大學教書的鐘點費，也算降低了砍年金的衝擊。

從前爸爸一直希望我當法官，現在他知道上帝的安排比他想得好，我成為他晚年的理財顧問，如果不是這個安穩的「月退俸」制度，他可能會有很高的心理壓力來自經濟，現在他知道每月一日會有固定錢進來，完全沒經濟壓力，所以他開心的去老家開闢以母親為名的紀念花園、去國小設立一個以他為名的獎學金。有一次九十歲的他還帶著外傭搭高鐵南下，特地回去老家還一筆積欠八十年的債，那筆債是他年輕時因為家裡的灶壞了，修灶師父來修理後，看他貧窮就不收修理費。經過八十年，修灶師父和他兒子都不在人世了，這件事還擱在爸爸心裡，爸爸想辦法去找到他孫子，並搭高鐵轉計程車去一個小村莊還了這筆錢，那位孫子雖然莫名其妙，但爸爸了卻了一個心願，就是他今生今世都不欠人了！

我五十七歲退休之後，跟老公的公務員朋友整整玩了兩個月，這兩個月我發現退休公務員整天都以休閒在打發時間，我覺得人生就此歷史空白，有點可惜，所以「沒月退俸」成為我創業的主要動力。但那是因為我還年輕，如果我像父親那樣八、九十歲的高齡，我也希望有「月退俸」來讓我經濟無憂。所以我再去加勞保累積年資，布局足夠的月退俸，成為我創業的目標，會增加我精神壓力的店租、人事費用，就盡量避免。除非兒子願意接班，否則我可能都不會擴大公司規模，因為我從父親的老年看到自己的老年。

TIPS

如何安排父母的月退俸？

①計算投資收益、父母需用額度和子女奉養能力，得出一個合理的父母月退俸金額。

②要像政府發月退俸一樣，準時入帳，讓父母完全沒有經濟壓力。

③可用每月股票交易零頭去支付，不要以年繳整筆大錢支出。

Chapter

10 從奉養父母學習變老

準備迎接自己的老年

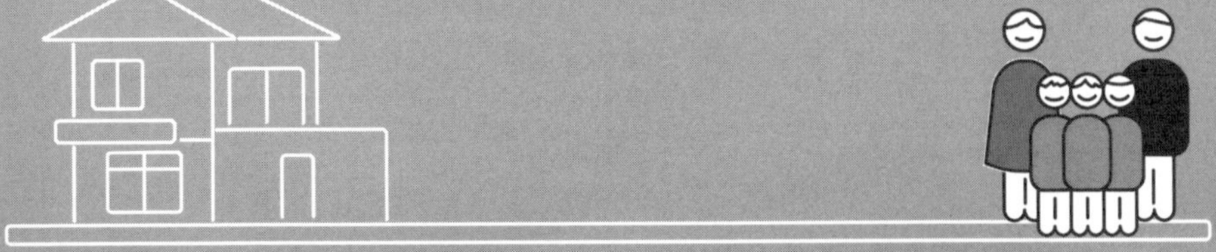

當你爭取到照顧父母的機會，你才有機會從長照中學習到自己的老年需要。

台灣是很適合養老的寶島，除了全民健保和一流的醫學水準外，政府還推行長照2.0，輪椅、氣墊床、電動床……等輔具，政府都有補助，復康巴士和長照計程車，也都有很優惠的補助，政府的一九六六長照服務專線，都會有專人協助你。

聖經說「要孝敬父母，使你得福，在世長壽。」這是第一條帶應許的誡命。（以弗所書6：2）

我深深經歷了上帝這個應許，無論換屋或創業都跟我爸媽有關，現在就聽我慢慢道來，讓大家知道上帝的祝福不僅跟著小孩走，也跟著父母走。

我再婚之後，本來是想換一個郊區別墅的，後來，我媽媽重病坐輪椅無法回彰化別墅，只能和爸爸移居台北，剛開始他們住在弟弟的新式豪宅，因為有完整的無障礙空間，所以每次外出看診，輪椅都可以直達地下停車場，而且有物業人員多人服務，完全不會受到風吹雨打。

後來媽媽病況稍微穩定，她和爸爸、外傭就搬到弟弟的另一個房子獨立生活，但因為是舊式的電梯華廈，所以每次要搭車看診，從電梯到大門要經過幾個階梯，出了大門要到停在馬路旁的汽車時，又要經過人行道的階梯，而且車子很容易擋到後面的來車，所以相當不便。特別是下雨天，我們幫媽媽穿雨衣包緊緊，還是被淋得很狼狽！

我經常在下班時，去幫媽媽洗頭洗澡，媽媽常叫我去洗澡然後睡在她身旁，她一定誤以為我還是小時候睡在她身旁的小女兒。但我不能，我要回去照顧自己的家，雖然我很想把媽媽接來跟我同住，但我們家是公寓房子，雖然是二樓，媽媽的輪椅也上不去。這是「房子所造成親情的痛苦」，如果我不換屋，未來爸爸，甚至我自己都會面臨這樣的痛苦。

媽媽臨終前一個月住院，我總是把車子停在弟弟家的停車場，再搭公車去醫院看她，有一天要回去弟弟家時，我在公車上看到帝寶的大紅燈籠，我心想，我難道比何麗玲還不努力嗎？從小到大我都如此努力，為什麼不能在這樣的豪宅奉養父母？這時我才把換屋目標換成新式豪宅。

後來，媽媽就在那個過年初八去世，我深深感受到奉養的遺憾，在爸爸身上一定不能重現這樣的遺憾，上帝憐憫，我就在那年的六月買到新家。

$ 當時爸爸只有八十三歲，他覺得自己很健康，可以獨立生活，所以完全拒絕跟我同住。我不管他是不是願意跟我住，還是幫他設計一個孝親套房，也設計了外傭的房間，我鼓勵他週末來跟我們住兩天。後來發現這個設計絕對是智舉，以下就是老年人容易面臨的問題：

◎ **外傭會休假：**原則上，外傭每兩週會要求休假一天，外傭休假時，我們一定要把父親載到我們家同住，否則根本不放心他一個人在家。

◎ **飲食不正常：**因為只有爸爸和外傭兩個人，很難煮飯，菜色不佳，導致沒有食慾，有一陣子爸爸每天晚上都叫外傭去買豆花，每天都吃豆花吃到不能走路，去醫院一查才知道吃豆花吃到痛風。醫生用藥，才把痛風的問題解決。後來爸爸與我們同住後，每天都有七個人吃飯，菜色豐盛，營養充足後，就不容易生病。

◎**老人會看廣告亂買成藥**：從前我祖父經常聽收音機亂買成藥，被我爸爸唸。沒想到我爸爸變老後，自己也會看報紙或電視的廣告去亂買成藥。只能說這些「王鑼仔仙」實在太厲害了！只要老人買一次，他們的業務就會每天打電話來問候，老人孤獨，有人跟他打電話，他就覺得是朋友，所以經常花好幾萬元買成藥，然後又吃到不能走路。我已經這樣緊急救援很多次了，後來兄弟姊妹都覺得，爸爸絕對不能再自己住了。

◎**如果奉養的場所沒準備好，一定會措手不及**：從八十歲到一百歲，老人的緊急病況很多，包括：跌倒、心臟支架、骨質疏鬆造成的脊椎壓迫性骨折和各種慢性病。以目前的醫療水準，都是可以開刀治療。但開刀出院的照護才是大問題，如果你沒有合適的無障礙空間，就爭取不到奉養父母的機會。

◎**可以從照顧父母，學習到許多長照知識**：當你爭取到照顧父母的機會，你才有機會從長照中學習到自己的老年需要。台灣是很適合養老的寶島，除了全民健保和一流的醫學水準外，政府還推行長照2.0，輪椅、氣墊床、電動床……等輔具，政府都有補助，復康巴士和長照計程車，也都有很優惠的補助，政府的一九六六長照服務專線，都會有專人協助你。政府會派衛生所的護理師來評估長輩需要什麼協助？

其中最令我們受益的是「職能治療師」和「物理治療師」，這是我們完全不了解的範疇。但近幾十年來，台灣培養許多優秀的專業人才，有博碩士的醫學院高學歷，我們只要付十分之一的錢，就可以請他們到府服務，其餘的十分之九由政府負擔。

從前我祖母是因為跌倒、臥床而去世的，當時的人不知道是什麼原因？只知道老人臥床就很容易死亡。衛生所的護理師來，我們才知道，因為臥床會使上面的痰出不去，下面的大便也出不去，就會造成呼吸系統和消化系統病變，而導致死亡。

爸爸也是跌倒，我們現在學到的知識是人活到九十歲，很容易骨質疏鬆，就會導致脊椎壓迫性骨折，可能是跌倒導致骨折，也可能是骨折導致跌倒。反正脊椎微創手術可以治療，但因為會非常疼痛，所以術後如果沒有「職能治療師」和「物理治療師」協助患者重新站立，就會導致臥床後遺症而死亡。

這些知識都是我沒奉養父母，就學不到的。這就是上帝的祝福，我一步步的照顧，學習老年的知識就一步步的累積，讓我知道我要怎麼準備迎接自己的老年。

◎**為挑嘴的爸爸準備美食，因而創業：**因為我媽媽廚藝非凡，所以爸爸嘴巴很挑，難怪他跟外傭住會每天吃豆花，因為我都要挖空心思才能讓他滿意，以外傭的廚藝當然無法應付。不過，也就因為這樣，上帝的祝福也跟著來，我複刻了一些媽媽的經典台菜，軟爛、適合老人牙口，爸爸自己住時，我就把這些很難料理的豬腳、焢肉、雞湯、筍乾、牛腱、雞翅燉好，真空包裝後讓他帶回去吃。我看爸爸都吃不膩，退休後，就拿來做成真空冷凍料理包販售，爸爸他們松年大學的同學也很喜歡，後來疫情期間，許多子女買來宅配給父母，一試成主顧。我就這樣一步步開了公司，也開啟我的事業第二春！後來長照營養師來家裡探視臥床的父親，發現我煮的焢肉很可口，她覺得在長照市場一定會大受歡迎，所以鼓勵我去申請「銀髮友善食品」標章，慢慢開拓銀髮族市場。

所以奉養父母很重要，子女要積極爭取奉養機會，而且只有硬體設備齊全的人才爭取得到，你看，這是不是從第一章就開始環環相扣？接著就要來介紹「失業為創業之母」，也跟我的豪宅有很大關係，大家繼續看下去！

TIPS

為什麼要奉養父母？

①如果沒有親自參與奉養、長照，就完全不知道年老會發生什麼事？

②沒有預備無障礙空間的住家，就爭取不到奉養的機會。

③上帝會因為你用心奉養父母而加添想像不到的祝福。

Chapter

11 中年失業

人不能只想走容易的路，想辦法克服困難才是成功之道

因為公司獲利不佳已持續二十年了，所以我很早就有被資遣或被退休的心理準備，我的退休金是選舊制，能熬到六十五歲退休、銜接勞保年金一直是我的目標，所以上班末期我的睡眠品質很不好，憂慮常在我心。

因此當公司以虧損為由，叫我提前退休時，我當下是鬆了一口氣，心裡想著「終於解脫」了！只是隔天就不必早起上班，當晚還是睡不著……

二〇二〇年全球 COVID-19 蔓延，公司籠罩不安氣氛，分區分流上班、居家上班時有所聞，上班要全程戴口罩，新聞業本來就是微利事業，想來這波經濟衝擊也無法倖免。所以三月的某天下午三點三十分我被告知公司要終止跟我的僱傭關係，因為我還有年假未休，加上資遣預告期，失業日雖從二〇二〇年四月十八日起算，但我明天就可以不必來上班了，人事室收走我的工作證和停車證，我沒有紙箱，還好車上有一個買菜車，我就拿上來收拾細軟，然後在五點半離開工作三十三年的職場，在五十七歲時「被退休」了。

因為公司獲利不佳已持續二十年了，所以我很早就有被資遣或被退休的心理準備，我的退休金是選舊制，能熬到六十五歲退休、銜接勞保年金一直是我的目標，儘管工作末期，主管經常言語羞辱霸凌，我還是「打不還手，罵不還口」咬牙苦撐，我希望在工作上能努力做到無可指責，其他刁難就當耳邊風，但還是很難，每次總是有意想不到的禍從天降，所以上班末期我的睡眠品質很不好，憂慮常在我心。

因此當公司以虧損為由，叫我提前退休時，我當下是鬆了一口氣，心裡想著「終於解脫」了！我配合交接，然後瀟灑走人。因為我的薪水是新人的兩倍，年休假一年有三十天，公司近年來經常裁員，我也算是最後一個被退休的老人，所以對公司也沒什麼怨言，只是隔天就不必早起上班，當晚還是睡不著。

愁的當然是經濟，每月六萬多元的薪水，多少可以支付信用卡帳單和家用。如果不想降低生活品質，就是每月從股票帳戶領六萬元來當薪水，反正公司發了兩百多萬元的退休金給我，我這筆錢花完，剛好六十歲，可以領打八折的老年給付，但因為勞保年資少了八年，所以領的錢很少，好像只有兩萬元，下半生我恐怕還是得用股利來補貼家用。

不過也沒辦法了，眼前就先這樣安排吧！我開始和老公出去玩，因為退休公務員天天有節目，從前我礙於工作，都無法參加，現在可以每次都參加。

就這樣我跟他們天天出去玩，玩了整整兩個月，就疲了！沒有緊繃的工作襯托，休閒所帶來的放鬆邊際效用就降低很多了。到最後，無論自駕遊或遊覽車旅遊，我都覺得索然無味！

人生只過半百，如果下半生就此歷史空白，我覺得很可惜，所以不管錢夠不夠用，我都想做點正事，我每天早上很認真的研究股票，希望未來以股票為工作，但因為我的股票都是長期投資，我也不擅長跑短線，所以經常研究了半天，但並未交易。股票對我而言，還是較適合當被動收入，必要時再調整布局即可。每天沖來沖去，反而容易誤了大事！

再去上班也不太可行了！當時公司有開「非自願離職證明書」給我，依規定「一般勞工最多可以領六個月失業給付，若是四十五歲以上中高齡勞工，以及身心障礙勞工，最長可以領九個月。此外，失業給付規定若有扶養無工作收入的配偶、未成年或身心障礙子女等，每多一個可加十％失業給付，最多可加發二十%，也就是說，每月最多可領到八成投保薪資的失業給付，以投保薪資四萬五千八百元為例，每月可領三萬六千六百四十元。」我的薪水雖是六萬多元，但最高投保薪資就是四萬五千八百元，以此計算六成就是二萬七千四百八十元，因為中高齡失業，所以可領九個月。

不過領這筆錢也不容易，每月都要去就業服務中心報到，每月都要找工作、投履歷，還要打電話去問應徵公司詢問有無收到應徵資料，然後回報給就業服務中心，而且每隔三個月就要上課幾小時，提供上課記錄，才能領到那兩萬多元。

當時我投出去的履歷表都石沉大海，不管是文的或武的行業，都沒有人要雇用五十七歲的人。從前自詡「文武雙全，多才多藝」，現在卻落到這等田地，真的是很大的挫折。不過後來想想，我也的確不適合朝九晚五的上班生活了，因為我還是希望有很多年假可以陪老公出國或旅遊，重新上班，年資重新起算，就沒有年假了。

我就這樣一邊領失業給付，一邊思索要做什麼？曾經想過做冷凍料理包，但周圍許多親友都潑冷水，有一位好朋友還說，他的親友年輕時開了一家冷凍調理包的工廠，拚了一輩子，規模也夠大，但老了兒子也不接，所以就賣給別人，她說如果要壓低成本，可能要買整船的牛肉期貨。聽到這個，我就打退堂鼓了！

但「主的意念總是高過人的意念」，後來我以賣粽子起家，做起冷凍料理包事業，好友說的問題，我也沒遇過，下一章我會詳細說明。所以許多事，不要被周遭的親朋好友嚇到，而打退堂鼓，雖然他們是好意，但能不能做，自己最清楚，買房子或創業皆然。

我們接著講中年失業的資源，我依規定領了足月的失業給付，到最後一期時，就業服務中心的人跟我說：「這是最後一期了，下個月不必回來報到了！」意味著下個月沒錢領了！我道謝之後，順口問了：「以後可以免費上課嗎？」沒想到她說：「不僅可以免費上課，而且上課期間可以領職訓津貼，金額跟失業給付一樣多。」哇！聽到這個資訊，像中獎一樣，我立刻請求她給我看有什麼課程？我想馬上銜接，讓下個月也有錢領，她一直說：「你回去慢慢看，現在課程時間不一定適合你。」但我態度很堅決，所以找到新莊中國餐飲學會的中餐葷食班，現在還可以報名，我立刻請她開「轉介單」，搭捷運去中國餐飲學會報名。

當時我車子停在一○一，要在四小時內往返才不必繳停車費，我轉了兩趟捷運再加計程車才到達中國餐飲學會，沿途我一直在想交通問題怎麼克服？從家裡到上課地點要「公車↓捷運↓捷運↓公車」，一趟至少要兩小時，而且週一到週五每天八點到下午五點，困難度大到讓我真的想放棄。但想到沒收入可能會拖累家人，說什麼我也不願意，所以就硬著頭皮往前衝！後來回想，這個決定相當明智，而且影響深遠，我不僅開發了公司新產品、考上丙級廚師證照，還在上完課後立刻恢復勞保身分，因此人不能只想走容易的路，想辦法克服困難才是成功之道。

政府對中高齡失業者很優惠，所以報名費當然是免了，不過一百二十人報名只能錄取三十名，所以要考試，中國餐飲學會讓我拿著內級廚師證照的考古題回家讀，我就照著昔日的念書習慣準備，後來就滿分考進中餐葷食班（以下簡稱「廚師班」）。

不過上課時間和交通對我都是大考驗，上課三個月，週一到週五，每天早上八點到下午五點，我已經很久沒這麼操了。而且上課地點離家很遠，如果是大眾運輸我要轉一次公車，兩次捷運，再一次公車。後來我決定以「最優渥的條件迎戰難啃的挑戰」，所以每天開 BMW 的車來回五十公里去上課，並在附近花八千元租一個室內停車場，以免受停車問題困擾。

不過這樣的成本還是划算的，因為學費四萬多元，再加上三個月職訓津貼，一共收了政府十幾萬元的大禮包，而且我學了一身好廚藝，甚至我們公司的「胖嘟嘟蝦捲」、「雞菇油飯」都是在這裡學到，改良後推出的。

上課期間非常辛苦，中國餐飲學會設計「丙級中餐葷食證照」和「台灣小吃」兩大豐富課程，我累得像參加戰鬥營一樣。期間又逢春節，我們公司推出「莊粽五寶」，賣得嚇嚇叫！我經常要半夜起來煮東西，白天去上課，晚上出貨。這時我已經完全沒有中年失業的空虛感了，簡直忙昏頭！

上課接近尾聲時，我去買丙級證照的報考簡章，發現我們家對面的東南科技大學有考場，而且上完課之後三天就考試，我就不等廚師班團體報名，請老公去勞保局申請減免報名費、到東南科大報名，順利在上完課之後的三天，以學霸高分通過考試、取得證照。

在這裡我要講一下「主動積極和超前部署」的重要：

◎**對的事一定要積極爭取：**當時就業服務中心的人一直希望我回去慢慢選課程，再去回去開轉介單，然後才去上課。但當時我不想再跑一趟，所以堅持馬上開轉介單、馬上去報名。如果當時我聽她的話，後來二〇二一年五月台灣疫情爆發，所有課都改為線上進行，廚師班根本上不了！

◎**凡事要主動超前部署：**上課只剩一個月時，我覺得應該要報名考試了，所以去中國餐飲學會買簡章，當時同學都沒人在意這件事，他們很被動，覺得老師會幫他們搞定，他們只要跟著團體走即可。等我跟東南科大報名完，老師才叫全班同學到教室，每人分一份簡章，教大家一格一格填寫報名表，後來他們五月底在光啟高中考，我則是四月在東南科大考，等我拿到證照後，台灣疫情在五月爆發，所有考試延期，而且不知道要延到什麼時候？他們非常痛苦，因為在課程結束前，我們已經多次模擬考練習，他們不熟的考題也變熟了，只希望趕快考試拿到證照，然後趕快去找工作。考試無限延期，對他們而言是一種凌遲。

◎ **凡手所當做的要盡力去做：**我們課程在四月結束，多數同學覺得沒把握，想再練習一個月再去考，但因為我在上課期間的每個週末都在家安排練習，丙級總共有二十組題，在考前我已經練習過十幾組題了，所以我敢報名四月考試。「機會永遠是留給有準備的人」這句話，說得一點也沒錯！所以我在拿到廚師證照，領完所有失業給付和津貼後，去參加餐飲工會，在二〇二〇年五月恢復勞保和健保身分，我的勞保年資在失業一年後，又繼續累積，這次我變成自營商，沒有人能迫我退休或失業，我可以安安心心等到六十五歲領老年給付的年金了！

這就是我中年失業後一年的過程，非常充實精采，在上廚師班時，有位碩士學歷的同學一直抱怨社會對中高齡求職者的歧視，然後又不認真上課或準備考試。所以他就一直在原地踏步，並受經濟壓迫。「天助自助者」，如果你沒眼明手快的超前部署，經濟困境就會無聲無息的籠罩在你四周。沒人想遇到中年失業，但遇到了就要解決，以下就要分享我把「危機化為轉機」的過程。

TIPS

中年失業怎麼辦？

① 拿著「非自願離職證明」，充分利用政府資源。

② 領完「失業給付」，可以再領「職訓津貼」。

③ 凡事主動積極、超前部署，力拚以「自營商」身分再續勞保年資。

Chapter

12 零元創業 自創品牌

不影響經濟和生活的創業模式

我是媽媽，我熟悉媽媽、職業婦女、老人客群，我如果去做健身的舒肥食品，一定不會成功，因為我沒有優勢；但我做自己熟悉的家庭市場，就很清楚客戶的需求，我知道媽媽要張羅全家吃飯，過年過節也要有應景食品，所以我就從包粽子起家，賺了錢，才去擴展設備，達到「零元創業」的目標。

所以不要一開始就投入很多創業資金或設備，因為你不知道會不會成功？如果這個行業不成功，你至少損傷不大，還可以想其他的行業或管道賺錢，永遠要讓自己「進可攻，退可守」。

許多人因為沒有資金，所以對於創業躊躇不前，我們在上「廚師班」時，老師在教「如何創業」，第一課就是要規畫創業資金，提列租金、設備等幾十萬元的開辦費，辦理貸款，還要估算每月營收多少元，才能計算何時回本？當時我已經創業了，我的直覺就是「每月營收」很難估算，因為你不知道客戶的反應如何，怎麼估算？而且一創業就負債，除了房租和人事開銷外，創業貸款也是很大的壓力，所以我覺得老師這堂創業課，並不實用。

那加盟會不會容易一點？由別人告訴你 knowhow，你只要照著做就好，風險應該較低吧？其實不然，我們在上泡沫紅茶課時，老師說飲料店加盟金是二百萬元，加上店面裝潢一百萬元，總共是三百萬元。投資金額大、風險就高，你要搖多少杯飲料才能回本？這都是大家不敢創業的原因，想到這樣困難重重，乾脆還是去找工作，忍受低薪的人生。

但以我的經驗，創業並不需要大筆資金，也沒有老師所說的那麼困難，所以你不必被老師們嚇怕了！我們身處於網路時代，不一定要以「實體店面」為思維，尤其疫情期間，實體店面慘兮兮，更把網路宅配事業推到主流地位。沒有實體店面意味著你可以省下房租，這就是很好的開始。

接著就是你要賣什麼？你要去尋找自己的「優勢」，優勢就是自己有、別人沒有的條件，以下是我的心得：

◎ **先天優勢：**我會賣莊粽的台菜，是因為我媽媽是美食重鎮北斗的富家千金，從小她就會煮很多好吃的料理，即使媽媽都沒教過我們，但我們兄弟姊妹的味蕾都記憶住那個味道，後來我媽媽去世後，我們經常在節慶用料理紀念我媽媽，清明節吃潤餅、端午節包粽子、春節辦年菜，我們家族聚在一起就是在搞吃的，也常外出吃很高級的餐廳，所以我們有「吃貨」的DNA，知道什麼是俗、什麼是雅，在餐飲界這是很重要的先天優勢。

◎**後天努力**：我三十一歲單親時期因為沒錢外食，所以每天都在家裡煮飯，四十五歲再婚後因為已經煮習慣了，所以仍是每天煮，等我要創業時，我已經是煮菜三十年的老媽媽了，這樣經年累月的練習，讓我對火候、味道、時間、食物特性、鍋具應用和氣溫的掌握瞭若指掌，造就了別人很難超越的優勢。

◎**熟悉客群**：我認識一位很成功的企業家，他是專門做健身減肥用的舒肥食品，他在念大學時就因為自己健身而看到舒肥食品的商機，大學生能有什麼錢？他就是從媽媽家的電鍋開始做起。後來他設廠、每年營業額上億元，工廠租金、人事費用和設備，都是用獲利所得去擴展的。

我也一樣，我是媽媽，我熟悉媽媽、職業婦女、老人客群，我如果去做健身的舒肥食品，一定不會成功，因為我沒有優勢；但我做自己熟悉的家庭市場，就很清楚客戶的需求，我知道媽媽要張羅全家吃飯，過年過節也要有應景食品，但自己又不會包粽子，即使會包，也覺得很麻煩，所以我就從包粽子起家，剛開始煮粽子的鍋具是用家裡原有的，賺了錢，才去擴展設備，達到「零元創業」的目標。

所以不要一開始就投入很多創業資金或設備，因為你不知道會不會成功？如果這個行業不成功，你至少損傷不大，還可以想其他的行業或管道賺錢，永遠要讓自己「進可攻，退可守」。

再來就是「行銷」，在人潮匯集的黃金店面，你不必主動行銷，客戶就會自動上門。但疫情期間，大家都不出門，昔日的黃金店面，可能變成經營毒藥，因為租金很高，客戶數不符效益。但網路行銷又談何容易？網站上有成千上萬家商店，怎麼讓客戶看到你呢？我的建議是學保險業務員，先從「身邊的親朋好友」做起！成立「臉書粉絲團」是免費的平台，等你做到一定的績效，就可以架設官網，開始做陌生人的生意，你不必花大錢廣告，口碑就是最好的宣傳，只要產品良好，口碑就會自動廣傳。

各行各業都可以創業，但因為我創立的是餐飲業，所以本書著重分享餐飲業心得。餐飲業是技術門檻低、客戶忠誠度也不高的行業，一百人中可能有五十個人廚藝非凡，但只有二十個人會從事這個行業，其中只有五個人會賺到錢。所以我們廚師班的老師說：「餐廳有九五％會倒店，我教你們開店，其實是告訴你們開店的困難，攔阻你們開店。」但我只有這個技能可以創業，要怎麼避免成為那倒店的九五%呢？

多數餐廳都是被租金和薪水吃倒的，我不希望每天睜開眼睛就要承受這種燒錢壓力，所以「居家工作」是我創業的原則，又逢疫情變革，許多人都居家上班，在家上班不必戴口罩，沒有交通問題，工作空檔又可以隨時平躺在沙發休息，對我這個中高齡創業者非常合適，而賣冷凍料理包讓客戶在疫情期間宅在家開飯，所以創業之初，我想給自己和客戶的感受就是「享受在家，在家享受」。

賣餐飲的人很多，你要怎麼殺出重圍，成為賺錢的那五%，有以下分享：

◎**獨特好吃是帝王原則：**賣食品，如果東西不好吃、沒特色，那就一切免談！這是餐飲業的帝王原則，有些食品也沒什麼問題，但口味太平庸，跟外面所有東西都一樣，那就很難有獨特性。我們在廚師班教台灣小吃時，最容易發生這種問題，大家都想做到跟外面一樣。其實跟外面不一樣的私房菜才是賣點，不過不管你怎麼創新搞怪，一定要好吃，才能長久。

◎**有品牌才有辨識度：**我會創業，是「無心插柳柳成蔭」，因為家人只吃我包的粽子，所以二〇二〇年六月九日我在包粽子時，兒子說：「媽媽你就從賣粽子開始，你姓莊，就叫莊粽！取莊重的諧音，代表我們很慎重的製作料理。」然後他就進房間做了「莊粽」的商標，開始了我的創業之路。

受到上帝的恩待和親朋好友的支持，莊粽一上架就勢如破竹，創業至今，都沒虧損過，所有真空或冷凍設備都是以獲利去擴展的。為什麼會跟無名氏有如此不同？因為有品牌辨識度。

所以創業之初，最好有美工人才協助，設計充滿美感的商標，我兒子是台北藝術大學新媒體系畢業的，他發揮所長幫我設計商標和網站。我是台大法律系的，也發揮所長，二〇二〇年六月十二日就去申請「莊粽」的商標專用權。我們兩個同心協力，就把「莊粽」這個品牌做起來了！

◎ **產品定位：**因為兒子是年輕人，他們喜歡低價的「單身包」，但單身族不是我熟悉的客群，而且價格我也拚不過卜蜂那些上市公司。我為家庭煮飯煮了三十幾年，我只會「家庭包」的分量，後來我決定要做我熟悉和擅長的客群——家庭主婦或職業婦女，我想讓她們減省肉料理的麻煩。這個決定是正確的，因為主婦最了解主婦的需求。

另外，我還有一個優勢就是豪宅貴婦的百萬廚房，我對鍋具和食材花錢不手軟。這個優勢可以讓我們的產品跟髒兮兮的廚房或攤販貨有區隔。所以我把產品定位在豪宅貴婦的家常菜，讓她們將明亮高級的廚房料理投射到自家餐桌。

因此我經常向做舒肥食品的年輕企業家請教問題，他的年齡比我小兒子還小，但在創業這條路上是我的前輩，他也從不藏私，因為我們的客群完全不同，他做他熟悉的健身市場，我做我熟悉的主婦市場，這也意味著做自己熟悉的客群，較容易成功。

◎ **重視食安和品質：**進了餐飲業才知道有許多魔鬼都藏在細節裡，我用的不鏽鋼炒鍋一個是九千元，快鍋是三萬元。但去廚師班用的黑色鐵炒鍋一個一百一十元，如果使用後不馬上燒鍋抹油，過幾小時就會生鏽，如果用這種鍋子煮湯煮久了，湯也會變黑。還有他們的蒸籠和湯鍋都是鋁製品，主因是便宜、重量輕。光光鍋子就有很多一般家庭主婦無法想像的問題。

調味品和食材也是一樣，「便宜沒好貨」、「一分錢一分貨」，單單醬油好壞就差很多。更遑論牛肉等級，我也是進了餐飲業才知道牛分草飼牛和穀飼牛，草飼牛在草原放牧如同土雞，穀飼牛以飼料餵養如同肉雞。牛腱分五種，最頂級的是腱子心。因為草飼牛腱子心吃習慣了，有一次我們去吃一家川菜餐廳，五人套餐只要兩千多元，其中拼盤中有牛腱，我吃一口覺得非常死硬就不再吃了，這應該就是食材部位和新鮮度的問題。什麼價位就供什麼貨色，店家都很清楚。

食安和品質不良都會導致疾病，長期吃廉價食物，到最後可能還是會把錢花在醫藥費上，所以什麼都能省，就是食物不能省。

雖然消費者都是「價格」導向，但身為店家，知道內幕，即使知道便宜才能吸引客戶，也不能做有害健康的食品。所以我們才會打出「莊粽只做自己想吃的食物」口號，堅持食安和品質成為我們公司的經營宗旨。

◎**解決損耗和庫存問題：**我曾經聽一位小吃店老闆說，晚上九點要下班，牛肉湯還是滾燙的，為了提早下班，他買了一個臥式冷凍櫃，就直接把牛肉湯放進去冷卻。這真是難以想像的可怕方法！一來是我為冷凍櫃感到擔心，不知何時會壞？二來就是這鍋牛肉湯明天的品質如何？一天燉過一天，怎麼知道成分有無變質？

所以解決損耗和庫存問題是餐飲業很重要的課題，一定要一開始就想清楚。會走真空冷凍路線也是受到一家海鮮店「文正海鮮」的啟發，一般傳統市場的魚肉海鮮攤通常都是放很多碎冰，上面放魚和海鮮，客戶買了才現殺，從店家端看，他每天賣魚時間可能超過四小時，那些海鮮就曝露在常溫中滋生細菌，如果當天沒賣完，庫存的海鮮也難保存，可能造成損耗。從客戶端看，客戶買回家也是要冷凍，因為沒有真空包裝所以魚肉可能凍傷，保存不久。

「文正海鮮」的老闆娘覺得這樣不行，所以他們決定，在自家樓下開店，每次進貨，在海鮮的黃金期就殺魚真空冷凍，自己可以擴展冷凍室，但也省去市場的高店租，無論客戶何時去買，都可以買到最新鮮的魚，而他們也降低損耗和庫存壓力。所以我都只跟他們買魚。

受他們的啟發，我也都是煮好料理在冷卻後的食物黃金期就真空包裝放進冷凍，可以保鮮三個月。真空包裝讓食品跟氧氣隔絕，解凍復熱後就跟剛出爐一樣好吃！

另外，作生意不是天天過年，有時訂單很多、有時訂單很少，要怎麼維持產品的新鮮度？除了控制「生產端」外，也要控制「銷售端」，淡季時，最好的解決方法就是賣給自己，讓家人吃掉。剛剛已經說過「莊粽只做自己想吃的食物」，所以產品跟我們自家吃的都一樣安全衛生，當旺季過去，開始渡小月時，生產端就要減量，銷售端還是不能停滯，所以我們就賣給自己，讓公司天天有營收，產品線新鮮流暢。這就是我們沒庫存壓力、不怕沒生意的原因。

各行各業都有庫存和產品損耗的問題，如果不知道解套方法，一旦沒生意就會發愁，產品不新鮮就會進入惡性循環，久而久之，就生存不下去了！

◎ **要有創業的環境：**我有一位朋友做烘焙業，因為三個烤箱同時啟動會跳電，所以有一次她接到一百條蛋糕的大訂單，要花一個月才出貨完畢。因此烹調器具是否可以無限擴展、大量生產，很重要。

除了烹調器具，還有進貨、出貨推車是否可以順暢運輸？倉儲、冷凍空間是否足夠？這些都是創業立即會遇到的問題，一定要安排妥當。

我曾經在 BBC 看到一個「廚師出現緊急狀況」的節目，有些半夜才發現胡蘿蔔缺貨，但胡蘿蔔蛋糕清晨五點就要送到遊輪。有些要去參加比賽，貨車的冰箱門栓壞掉，食材和奶油倒在車上。還有助理忘了開急速冷卻開關，導致浪費兩個小時，但出貨時間已迫在眉睫⋯⋯，有太多想像不到的問題，主廚都要臨危不亂、冷靜解決。所以我平常遇事根本不必氣急敗壞，因為只要是廚師幾乎都會發生緊急狀況，如果應變得宜，還是可以順利完成任務，出一次狀況，學一次乖，一步步改善工作環境，就可以使事業推展得相當順利。

慎選商品：

◎**價格不能太低：**否則很難湊到免運費的金額，就會降低消費者的購買意願。

◎**體積不能太大：**宅配運費很貴，冷凍宅配運費分大中小盒計算，大盒長寬高總和為一百二十公分運費二百九十元，中盒九十公分二百二十五元，小盒六十公分一百六十元，如果體積大，不利宅配，也會有倉儲空間問題。

◎ **不能久久才吃一次：**例如干貝醬，雖然價格高、體積小，但一瓶可能要吃很久，很久才消費一次，這樣不利營收。

◎ **要有網路行銷能力：**去廚師班發現許多同學有「實體店面行銷能力」，但沒有「網路行銷能力」，你要判斷自己的行銷能力是屬於哪一種？再採取哪一種銷售模式。如果想省店租最好要喜歡發「分享文」，這是最基本的網路行銷能力。

◎ **訂價實在：**訂價是一門很大的學問，我創業之初因為沒估算水電瓦斯等周邊成本，所以訂價過低，後來發現利潤微薄，要調漲價格時，客戶就會有反感。所以訂價不能過高或過低，要精算成本才能做一個好的訂價策略。

◎**供應商穩定：**最好找龍頭供應商，年節供貨較穩定，而且要能送貨到家，因為等事業上軌道，你會忙到沒時間外出採購。台灣疫情爆發時，傳統市場成為重災區，還好在此之前，我已經都布局好供應商，完全不必去市場採購。所以找到好的供應商絕對是一門值得學習的功課！

◎**美感包裝：**包裝廠商有很多，要多去比較，只要做到包裝精緻有美感，就會讓你的產品跟別人不同。宅配的紙箱也不能省，我自己也常上蝦皮購物，很多店家為了省紙箱費用，都用舊紙箱，感覺很不衛生，也不專業，特別是做食品，一定要讓客戶覺得你是販售乾淨衛生的全新商品，不過如果要買紙箱和包裝盒，錢不是問題，較大的問題是倉儲空間，這個問題要克服。

◎ **宅配：**要找一家配合良好的宅配業者，剛開始你可能要去便利商店寄件，但如果量大就要和宅配業簽約變成企業戶，這樣運費可能更優惠，最重要的就是年節還可以到府收件。

至於多少錢免運，就要看你的商品價值，最好門檻不要過高，否則會降低客戶購買意願。

以上就是自創品牌要學的事，像不像念研究所？我會創業就是抱持著念研究所的態度來的。每種都是新鮮的挑戰，每天都有新的難題等我去解決，解決了就很有成就感。所以許多退休族去學語言、學畫、學攝影，我覺得學創業更有活力、更精采！

你不必賭上一大筆資金，使自己的養老金落在不安穩的狀態，你要去找一個不會影響你經濟和生活的創業模式。想創業之前，我聽弟媳說，她去東京，剛好看到一個紅色愛馬仕凱莉包，這個顏色很稀有，所以她就花三十幾萬元台幣買下，在我兒子結婚時，她有拿出來用，讓整個婚宴中的包都相形失色，我也很希望有那個顏色的凱莉包。但如果我拿這三十幾萬元來創業，是不是更有趣？會讓我的人生更豐富踏實？答案是肯定的，所以我就從兩百多萬元退休金中想撥出三十幾萬元來創業，結果是根本連三十萬元都沒花到，我用舊有的鍋具設備賣粽子、賣粽子賺的錢去買真空包裝機、冷凍櫃，然後再用賣冷凍料理包賺的錢去做保冷袋、紙箱、包裝材……就這樣，我用買一個凱莉包的心態去創立了一個公司。

TIPS

如何「零元創業」？

① 找到別人不會的創業「優勢」。

② 以現有資源創業，獲利之後再擴展。

③ 有品牌才有辨識度。

Chapter

13 進可攻退可守的永續經營

永續經營指的不只是公司，而是我們的人生

永遠為自己預備一張辦公桌。

從前在報社的高級主管都會為退休後鋪路，有些人退休後去當某些公司的董事長。東海大學校長梅可望退休後成立了一個基金會，每天仍去上班，直至九十八歲去世。他說：要跟比我們年輕的人交朋友，因為跟我們同齡的人會逐漸凋零。

我們也可以為自己預備一張辦公桌、一個頭銜、一個社交圈，不管有沒有獲利，永遠都是在崗上的人，永不退休。

永續經營指的不只是公司，而是我們的人生，我之所以會創業也是為想經營退休後的這段人生，不讓它空白，以下我們就分公司和人生的永續經營來談：

公司：

◎**成立股份有限公司：**我們是家庭式的小作坊，完全手作，無論場地或規模都很小，為什麼要成立公司去繳稅呢？有以下原因：

◎**我不想負無限責任：**這是法律人特有的警覺性，因為念過民法和公司法，深知工作坊和商號都是負無限責任，食品業是最容易出現食安問題的行業，我們已經很謹慎小心了，但還是不知道風險從何而來？為了不讓自己睡在火藥庫上，所以我一定要讓公司負有限責任，萬一出事，才不會連我個人的資產都賠進去。剛剛我已經強調了，中年創業有沒有賺錢是其次，但一定不能把自己的養老金和資產搭進去！

◎ **可以投保產品責任險：**除了不負無限責任外，如果要把風險再降低，就是讓保險公司參與分擔風險。每年付一點小錢，就可以有幾千萬元的產品責任險，對客戶或公司都是一種保障。

個人無法投保產品責任險，只有商號和公司才可以，商號和無限公司都負無限責任，所以我不考慮，剩下的只有成立有限公司和股份有限公司。

股份有限公司的好處：

◎股份有限公司資本額和有限公司一樣，都只要十萬元以上。

◎股份有限公司的股東人數是二人以上，有限公司是一人以上，如果自己的配偶或子女可以成為股東，就符合股份有限公司的人數。

◎股份有限公司可依股權多寡決定經營權，但有限公司不管出資多少，每人都有一票投票權，公司決策要全體股東同意，這樣對大股東的經營決策權不利。

◎如果家中有兩個以上的子女，成立股份有限公司可以讓持股比例較清楚，以利未來交棒接班。多勞者多得，這是對未來繼承的布局。

大家一定覺得我小題大作，夢想太大，但劉邦打天下之初，誰知道他會成為中國第一位平民皇帝？成立股份有限公司又沒多花錢，也沒有稅賦方面的壞處，為什麼不能一步到位、長治久安呢？

關於稅賦，雖然成立股份有限公司要開發票，但費用也可以提列，我們從前上稅法時，老師說了兩個稅法上的帝王原則就是「量能課稅」、「有所得才課稅」，所以大家不必畏之如虎。如果你虧損，政府也課不到你的稅；獲利很少，政府也不會課太多稅。既然想要永續經營，就要正直守法，有所得就繳稅，這樣公司才能走得長長久久。

① **投保產品責任險：**所以公司成立後，我就去投保產品責任險，二千萬元的產品責任險，一年保費約五千元，可以提列公司費用。

② **架設官網：**現在是網路時代，如果沒架設官網，光靠臉書粉絲團、LINE 和蝦皮會遇到以下的問題：

Ⓐ **如果沒用電子發票，要手寫發票非常麻煩。**

Ⓑ **架設官網可以串連金流和物流，才不必去注意客戶是不是有匯錢**

進來。

Ⓒ **架設官網可以有刷卡機制：**刷卡雖要付給銀行手續費，但會提高客戶的消費意願。

到目前為止，我的公司就發展到這裡，未來應該還會繼續發展，有新問題就要解決，如果想要永續經營，這個「創業研究所」就不是兩年可以念完，而是永遠畢不了業，所以你永遠是學生。

人生：

人生的永續經營，就是每天都要有見上帝的準備，在世的每一天都是上帝百般恩賜的好管家，做什麼像什麼，以下詳述之：

◎**善待自己的身體：**健康的身體是人生所有零最前面的一，沒有健康的身體一切免談。我爸爸老的時候，生活起居都由傭人代勞，其實這不太好，因為生活起居的動作就是最基本的運動，所以我鼓勵每個人在身體健康時，都要養成自己照料自己的習慣，食衣住行育樂皆保持獨立。

從前我看過一篇九十六歲奶奶說的長壽文，她說每一天都把自己的身體當公司般認真經營，所以她在起床前或睡覺前都會在床上做按摩操，外出回來一定要先在躺椅休息十五分鐘，排便之後就會大口喝水，沖洗一下消化道，她善待身體每個細胞，難怪會那麼長壽健康。

我很受她的啟發，每天清晨去空中花園做健美操，呼吸新鮮空氣、伸展筋骨，吃完早餐後，開始一天的工作煮料理、寫文章、看股市，準備營養均衡且美味的三餐。午餐之後，我一定會平躺午睡，午睡起來，就是我的休息充電時間，我會追劇、看電影、看知識台，這個休息時間會持續到晚上九點睡覺。

我不喝有咖啡因的飲料，也不喜好甜食，三餐安排如下：

① **早餐：**喝牛奶、綜合穀粉，吃綜合維他命，一份麵包、麵線、米飯或糕點，家裡有什麼固體食物，我就吃什麼，然後再吃一份水果。這樣就可以讓我保持腸道通暢，每天排便二到三次，讓彎彎曲曲的腸道都沒有宿便。

② **午餐：**吃麵或快餐，油飯、咖哩飯、炒粿條、煎蘿蔔糕……，每天都吃不一樣的食物。再加一份水果。

③ **晚餐：**四菜一湯，肉、魚、豆、菜和紫米飯，湯以排骨湯居多，再加一份水果。

我們在上廚師班時，有上營養學的課，老師說「營養學是預防醫學」，只要營養均衡，就不容易生病。在我爸爸身上也看到顯著的差別，他只要營養不良就會生病、營養充足就神采奕奕，就像花一樣。

關於預防醫學，我也有以下的心得：

◎**照顧好牙齒：**我爸爸在八十五歲時花了一部汽車的錢去植牙，這使他可以輕易攝取營養，因為牙齒就是消化系統的第一關，有好牙就有好身體。

有一次爸爸叫我載他去拜訪一位年老的表姊阿却，阿却的媽媽是我祖母的姊姊，小時候阿却家裡開麵攤、有肉吃，所以祖母經常帶我爸爸到他們家串門子。現在換我爸爸可以請阿却吃飯了！阿却住林口，知道我們要去看她，她好開心、戴假髮、穿戴整齊在門口等我們，我們要載她去三井 OUTLET 的「點水樓」吃飯，因為平常沒有人載她出門，所以雖然住林口，她也沒來過，我永遠記得她在三井 OUTLET 健步如飛的神情。但等到吃飯時，換我爸爸的嘴巴健步如飛，阿却因為完全沒牙齒了，所以每一道菜她都用牙齦咀嚼，品嚐味道後就吐掉。其實她很餓，也很想吃，但就是吃不進去。後來我們叫了鴨絲粥和蟹黃豆腐煲讓她帶回去慢慢吃，她很開心，直說可以吃三天了！這次對我而言，是牙齒、交通、經濟的大震撼，老來這三樣一定要顧好，才不會晚景堪涼。

後來我爸爸回去老家遇到國小同學，爸爸說了植牙的好處，鼓吹他也去植牙，沒想到他說：「老到都快死了，還植什麼牙！」果然，隔年他就死了！所以爸爸說：「你怎麼看待生命，生命就怎麼回應你！」

◎ **主動管理健康：**因為生活環境不好、地下水水質太硬，我爸爸三十幾歲就因甲狀腺腫大和膽結石開刀，但他現在已經近九十五歲，邁向一百歲高齡，主要歸功於他很主動管理自己的健康，只要身體有什麼地方不舒服，他就會叫我找台大名醫幫他診治，我們經常半夜起來搶掛號，只要掛到號了，他就會按醫師指示回診、吃藥。他主動管理健康也造福子女，我們不會因大病而疲於奔命，所以我老公很讚賞爸爸這個優點，他覺得我們都應該學習。

◎**經濟無憂：**本書講最多的就是經濟，為了生存，人生變得精采；但目標就是要經濟無憂，才能隨心所欲。COVID-19 改變了人類的生活模式，許多人因此經濟來源斷絕。所以被動收入的布局很重要，年金、股利都是可以讓你封城或老到不能動也不受影響的經濟來源，無論你現在從事什麼行業，一定要做被動收入的布局。

珍惜每個階段的人生角色：我的人生有許多角色女兒、學生、情人、妻子、媽媽、婆婆、奶奶，老實說，從前每個階段我都不太珍惜當下的角色，小時我很希望長大，念高中很想上大學，上大學很想出社會工作，有三萬元薪水就想有六萬元薪水，上班時想退休，退休後想工作，年輕時結婚、育兒，就會有分身乏術的煩躁。年老時有時間太多，無所事事的煩惱。現在知道，如果我們珍惜每個階段的人生角色，做好每件上帝交辦的事，那就是一種永續經營。

◎**永遠為自己預備一張辦公桌：**從前在報社的高級主管都會為退休後舖路，有些人退休後去當某些公司的董事長。東海大學校長梅可望退休後成立了一個基金會，每天仍去上班，直至九十八歲去世。他說：要跟比我們年輕的人交朋友，因為跟我們同齡的人會逐漸凋零。我們也可以為自己預備一張辦公桌、一個頭銜、一個社交圈，不管有沒有獲利，永遠都是在崗上的人，永不退休。

◎**持續充實知識：**看書是從前充實知識最直接的方法，但現在時代不同了，你有多方管道可以充實知識，每天看新聞、看 BBC、Asia 或國家地理頻道等知識台、把 Netflix 當成圖書館、與親朋好友交流，都是充實知識的方法。

我發現不喜歡「戲劇」的人，比較容易無聊，我媽媽一生都不無聊，因為她一直操持家務，偷空就看電視連續劇，即使後來在病榻上，她也每天要看《戲說台灣》，追劇追得津津有味，很少擔心她的心理狀態，戲劇成了病痛時最佳麻醉劑！反觀我爸爸和老公，他們都不喜歡戲劇，所以爸爸有大量時間都在放空發呆，我很擔心他無聊。老公則是不斷要外出，否則就覺得被關住！所以追劇不必有罪惡感，你要在孫子面前永遠都是智慧大寶藏。

◎**旅行：**我們去尼加拉大瀑布在遊客中心看到牆上有一段話

TRAVEL AS MUCH AS YOU CAN.
AS FAR AS YOU CAN.
AS LONG AS YOU CAN.

「盡你所能的旅行，能走多遠就走多遠，能走多久就走多久。」

我和老公都非常贊同這句話，上帝賜下美麗的世界，值得我們花一輩子去探索。所以保持旅行的習慣，也是人生永續經營不可或缺的一環。

信仰：上帝對我而言，如同空氣那麼重要，雖然看不見，但卻是我一切思想行為的發動者。如果沒有信仰就沒有永生，也就不必談永續經營了！信仰讓我們「凡事盼望」，不管順境或逆境都得以滿足，即使在兩手空空時，還是有平安。

TIPS

永續經營的祕訣：

①正直守法。

②每天解決問題。

③永遠為自己預備一張辦公桌。

Chapter

14 疫情教會我們的那些事

不管什麼方法？能「生存」下去就是一大勝利

我的下半生因為換了大房子，而有好的開始，雖然遭逢百年一見的瘟疫，但我的直系血親都跟我同住，封城在家，覺得非常安全，我們享受天倫之樂，沒有空巢期的孤獨。

雖然時間滴答滴答的過，但我的人生持續前進，並沒有停滯。被動收入也持續進帳，所以無論封城封多久，我都不恐慌。疫情教會了我許多事，目前持續受教中，不管什麼方法？能「生存」下去就是一大勝利，與大家共勉之。

$ 疫情使很多人生計出問題，對我也是很大的警惕，疫情讓人醒思，教會了我們許多事，以下是我歸納的幾個重點：

◎ **不能單靠鐘點費過生活**：有去工作才有錢賺的職業，在疫情期間最受波及，例如：導遊、鋼琴老師、健身教練……，平時我們都需要他們，他們也都很有才華，但疫情使他們收入迅速歸零，所以如果是這種職業的人，應該要培養另外的謀生技能，才能有雙重保障。

◎ **不能大舉投資店面、聘僱員工**：像餐廳就是衝擊最大的行業，特別是婚宴廣場，當然我們在正常時期也很需要他們，但為了自保，平時賺錢時一定要培養被動收入，否則完全無法迎戰疫情。我有一位朋友，他租了地下室兩百多坪開健身中心，疫情期間無法營業，又因極端氣候的一場暴雨，淹掉地下室所有健身器材，租金、器材貸款、沒有收入，種種壓力如海嘯般襲來，真的是任誰都招架不住。

◎**隨著社會變遷靈活轉換工作：**我從事文字工作三十幾年，退休後，我幫一位名人寫自傳，賺了五萬元的稿費，但卻反而使我非常厭惡文字工作，因為五萬元稿費雖然聽起來很高，但如果開公司去做實業，要超越這個數字太容易了，而且文字工作時有時無，工作時又要對業主卑躬屈膝，所有的要求，都要絞盡腦汁去完成。所以結束了這個文字工作後，我就很想棄文從武，去做跟文字無關的工作，所以我才會改做跟文字無關的食品業。也因為我靈活轉換跑道，才沒有受疫情影響，宅配冷凍料理包，反而成為防疫受惠行業。

在居家防疫期間，物流業一度因為負荷過載，所以暫停運送，很明顯的，疫情襲擊下，物流人員很缺、其他行業很閒，沒工作的人就要去找缺人的工作，這就是產業的變動，所以我們都要觀察社會變化，靈活轉換職場，以免坐困愁城。

萬事起頭難，堅持就不難：我剛創業時，大家都在看我笑話，當然傳統產業跟金融業比起來，獲利真的太微薄了！做股票有時一開盤就跟昨天相差幾十萬元，甚至幾百萬元；但做食品，累得半死，可能只賺幾百元或幾仟元。所以剛開始大家都不看好我做莊粽。

但我覺得，股票有一個實業支撐比較踏實，股票不好的時候，實業可以幫補。利潤微薄總比完全沒利潤好，反正閒著也是閒著，既然有發展實業的本錢，就去發展。有布局就有希望，只要控制好成本，長期堅持，就可以看到成果。

我們的鄰居中有臭豆腐大王、掃地機器人教父、牛肉大王，他們都經歷過相當辛苦的創業期，其中，臭豆腐大王說他：「創業前八年都沒生意。」這對我絕對是極大的鼓勵，現在他有一個兩億多元的廠房，新竹以北的臭豆腐，都是從他們公司出去的。「堅持」和「穩健」是這些老闆們的共同特徵。

疫情期間，我有充分的時間思索公司未來的走向，當然「與世隔絕」的生活模式絕對是我們要考慮的。從前我們在看「未來時代的電影」，裡面有些場景是人類躲在屋內不敢外出，目前的狀況已經有點類似了！

◎**無論任何時期，都要有自己的房子：**美國經歷疫情洗禮後，很多人居家上班，因此深覺房子的可貴，導致房地產大漲，許多房東見狀想賣房，間接苦了租客，我有一位朋友因租金漲了二十％，所以到處找房子，在疫情期間又要找房子搬家，是非常痛苦的。但一點辦法都沒有，年輕沒買房，中老年就沒資產換屋。

我爸爸常說：「土地有限，房價只會一直往上漲。」這句話沒錯，雖然前幾年有些人認為台灣少子化，未來房子一定是供過於求，他們要等房價便宜再買。但事實就是房子一直往上漲，本來買得起的，也變成買不起。

所以無論你多年輕，只要能買得起房，「可供上班自住」，即使小一點也沒關係，可以從小屋慢慢換成大屋。這裡所說的「可供上班自住」非常重要，就是你自己居住，每天上班往返，交通是便利的。舉個例：有一位朋友住在永和數十年，她和兒子收入都很高，所以想買房，但永和的新房很貴，他們又想住新房，所以一直遲遲買不到房，後來他們找到基隆的新房，我問他們要住在那裡嗎？他們說不可能，他們還是要租屋在永和，基隆當投資或渡假之用。我覺得這樣就很不好，因為在「住」有兩筆開銷，一個是租金，一個是房貸，而且居住品質並沒有改善。

所以買一個能「自住」的房子，無論在疫情期間或正常時期都很重要，買房子不簡單，一定要像我一樣使盡吃奶力，才能買到第一間房，有了可自住的小房，應該交通機能也不錯，所以也易脫手，未來就可以小屋換大屋。

住自己的房子可以遮風避雨，又沒有人能趕你走，還有資產增值的優點，絕對是最務實且基本的「使用理財」。

安排年金：

無論多麼富貴都要為自己安排年金，疫情期間，我想了想，我們家至少有四個收入可以防止斷炊：莊粽、股票、勞保年金、老公的公務員月退俸。

因為沒有經濟壓力，所以防疫期間我們的生活品質都如常，還會夢想疫情結束後，我們要出國旅遊。

我們鄰居中，有許多老闆娘都不太在意年金，他們覺得老了有租金收入，不必仰賴勞保年金，所以在五十幾歲就把整筆一百多萬元領回，不再繳勞保費。當然因為他們經濟條件優渥，被動收入很多，不差這一筆年金，但人生很難說，像瘟疫也是沒有人想像得到的災難，在 COVID-19 爆發前，英國吵著脫歐、中美貿易大戰打得不可開交，但瘟疫爆發，大家根本都不會再吵脫歐或貿易戰的問題，因為現在的死亡人數已超過第二次世界大戰，根本就是第三次世界大戰，而且病毒一再變種，G7 雖然想在二〇二二年終結疫情，也不一定能如願。勞保年金是一種基本保障，無論你老到九十歲、一百歲，都有基本的生活保障，不應該輕易放棄。

要像在航空母艦中一樣自給自足：

居家防疫是一種自給自足的訓練，從採買、烹煮到運動、日常所需，都要學會自給自足，不會煮飯的人也要學習，因為餐廳都關了，你想仰賴外食，不如自己煮來得快。不會的技能，現在都要學習，而且要當成生活常態一樣安排。

經過疫情的考驗，我也才發現自己是「宜室宜家」的人，從小我就被定位為「外向活潑」的人，我自己也誤以為如此！直到退休後，特別是防疫期間，我才發現自己是「內向文靜」的人，每天宅在家，都很怡然自得，我喜歡體操運動、料理家務、理財規畫、出貨進貨、烹煮美食、寫部落格，家中大小事，我一定要安排得妥妥貼貼的才放心，任何細節都不放過！有空休息時，我也追劇追得很入戲，邊追邊查 google 研究歷史，完全著迷！

看著老公每天往外跑，我總覺得自己的「宅」好像不太健康，是不是個性有點封閉？後來我發現自己其實是「類」母親，我媽媽從國小老師退休後，也喜歡宅在別墅裡，她料理家務、理財規畫、大小事都不放過、指揮外傭做事、在花園看書報、有空就追劇、賓客來滿漢全席隨時上桌，我根本是她的翻版，再印證箴言 31 章的「賢妻論」，我發現我們這種人不是封閉，而是「宜室宜家」的稀有族群！

所以我從來不認為自己宅在家是忍耐或苦撐，雖然我想念出國、化妝和穿搭的日子，但我要讓未來的我也想念防疫這段居家的日子。我們總是會去追數十年一次的日全蝕或月全蝕，但瘟疫是一百年才一次，你絕對可以把防疫期間變成人生中最值得紀念的日子！

我的下半生因為換了大房子，而有好的開始，雖然遭逢百年一見的瘟疫，但我的直系血親都跟我同住，封城在家，覺得非常安全，我們享受天倫之樂，沒有空巢期的孤獨。雖然時間滴答滴答的過，但我的人生持續前進，並沒有停滯。被動收入也持續進帳，所以無論封城封多久，我都不恐慌。疫情教會了我許多事，目前持續受教中，不管什麼方法？能「生存」下去就是一大勝利，與大家共勉之。

最後我想用陸劇《正陽門下的小女人》來總結一下對人生的看法，我跟女主角一樣都是從人生的低點往上爬，我們都找了少說話、多做事、有內涵、存善心的再婚伴侶，我們也都覺得「孩子」比「事業」重要，後來「孩子」都成為老年時的「力量」。

劇裡許多窮人一生都在追錢，但「錢四腳，人兩腳」，如果人生的目標只有追錢的話，是追不上錢的！只有「走正道、重和諧、多奉獻」，錢才會跟著你跑！

父母、配偶、子女就是你奉獻的首要目標，為了養育孩子，我去學股票；為了把他們安頓好，我換大房子；為了不拖累他們，我開公司。一切出發點都是他們，上帝的祝福就跟著他們而來！我想這個模式是可以複製的，雖然每個人的條件都不同，但都有奉獻的目標，只要好好照顧他們，就會有不同的福氣，願主祝福大家，讓我們透過「全家人的幸福理財」而享有長治久安的人生！

TIPS

疫情生存守則：

①布局多元經濟收入。

②培養自給自足能力。

③視疫情生活為常態。

愛　生　活　64

全家人的幸福理財
——從買屋到存股、領終身月退俸的人生布局

國家圖書館出版品預行編目（CIP）資料

全家人的幸福理財：從買屋到存股、領終身月退俸的人生布局／莊雅珍著. -- 初版. -- 臺北市：健行文化出版事業有限公司出版：九歌出版社有限公司發行, 2022.05

面；　公分 . --（愛生活；64）

ISBN 978-626-95743-5-3（平裝）

1.CST: 理財 2.CST: 投資

563　　111003683

作　　者——莊雅珍
責任編輯——曾敏英
發 行 人——蔡澤蘋
出　　版——健行文化出版事業有限公司
台北市 105 八德路 3 段 12 巷 57 弄 40 號
電話／02-25776564・傳真／02-25789205
郵政劃撥／0112263-4

九歌文學網　www.chiuko.com.tw

印　　刷——晨捷印製股份有限公司
法律顧問——龍躍天律師 · 蕭雄淋律師 · 董安丹律師
發　　行——九歌出版社有限公司
台北市 105 八德路 3 段 12 巷 57 弄 40 號
電話／02-25776564・傳真／02-25789205
初　　版——2022 年 5 月
定　　價——320 元
書　　號——0207064
I S B N——978-626-95743-5-3
9786269574360 (PDF)